面向全信息检索的藏文古籍数据库建设研究

胡建　著

民族出版社

目　录

第一篇　藏文古籍数字资源搜集与处理

第二篇　藏文古籍图像全文检索

第三篇　藏文古籍文献学特征检索

第一章 引 言

今天，随着信息化大趋势，优秀、濒危、珍稀的民族文化资源正在借助信息技术获得保护和传承，藏文古籍数字化在此大环境下正在蓬勃发展。

藏文古籍数字化是指利用数字化技术、通信技术和网络技术，将藏文古籍以数字化的形式，在互联网或局域网上实现信息的采集、管理、开发、共享与利用。藏文古籍数字化工作可以分为藏文古籍数据库建设与藏文古籍数字资源深度处理两个主题：前者强调的是数据生成，旨在实现对藏文古籍的收集、整理、数字化扫描、数据著录和数据管理；后者强调的是对前者所生成和管理的数据作深入处理，旨在基于某些信息技术挖掘藏文古籍数据的应用。从信息处理的视角看，前者偏重信息处理的对象，后者偏重信息处理的方法，信息处理的对象与方法是信息化时代下两个永恒的主题。

与此相对应，本章将先用两节分别介绍藏文古籍数据库建设背景和藏文古籍数字资源处理技术背景，以明确面向全信息检索的藏文古籍数据库建设的大背景，然后再用一节介绍面向全信息检索的藏文古籍数据库建设的基本内容与整体思路，并以此作为全书内容的逻辑基础和结构依据。

第一节　藏文古籍数据库建设背景

一、藏文古籍数据库建设缘起

早期，藏文古籍多散落于民间和各佛教寺庙，缺乏专门人员管理，典籍的存贮环境较差，纸张霉变、黏连、虫蛀等现象时有发生。由于保护设备陈旧和手段落后，部分古籍因缺乏有效的抢救和保护而趋于流失，为完整、系统地研究这些古籍资源带来了诸多困难。

新中国成立以来，国家高度重视少数民族优秀文化和珍贵古籍的保护，先后发布了多项保护少数民族古籍的政策，经过相关藏学研究单位多次走访、普查、整理建档和物资购置，对散存的古籍资源的抢救、搜集、整理等工作已取得了一定成果。据报道，西藏大学图书馆藏有藏文古籍约 4600 函，其中有 2400 函为藏文木刻本[1]；中国国家图书馆古籍管理中心藏有藏文古籍约 3500 余函；中央民族大学图书馆藏有藏文佛教经藏 2000 余函；中国民族图书馆藏有藏文文献 8000 余函，另有 500 余函珍贵孤本。

为更好地保存藏文古籍原件，各收藏单位一般配备有专门的管理人员，且制定一系列行之有效的古籍管理规定和安全保卫措施。在硬件设施方面，增添了室内保护设备，如购置了樟木书柜，安装了火灾自动报警装置、温湿度监测传感装置等，改善了古籍存放条件。

但是，由于客观原因，当下藏文古籍的使用和推广还面临许多问题和困难，具体表现为：

（1）出于对藏文古籍的保护，收藏机构的借阅管理十分严格，从借阅对象、方式、服务时间等多方面进行了限制。其中，借阅对象多限于研究人员，借阅方式多为闭架查阅，一般不支持外借，存在限时限量，甚至限人借阅的情况，致使现有藏文古籍的利用率低下，一定程度上阻碍了古籍的学术研究。

（2）国内的藏文古籍在分布上呈现地域性特点，大部分为西藏、青海、四川、甘肃等地佛教寺院、科研机构、公共图书馆以及各民族院校图书馆等单位收藏，并散存于不同的机构[2]。目前，多数收藏机构采取“自治”的方式进行管理，不同机构之间的文献资源尚未整合，缺乏相应的沟通与协调，在实现藏文文献资源共建共享方面仍有欠缺。

从上述存在的客观问题可知，如何搜集、整理、挖掘，以及最终高效利用这些珍贵的藏文文献，发挥其应有的价值和作用是一项迫切的任务。

对此，在日趋成熟的信息化环境中，开展藏文古籍数据库建设，科学地以数字化的形式保存藏文古籍，是发展的必然趋势。藏文古籍数据库建设一方面可以减少人们对纸质藏文典籍的翻阅，减少人为损害，另一方面将藏文古籍通过软件平台对大众展示、开放，实现文献资源的共享，可以更好地开发、利用这些特色文献。当前，英文、中文等语言的文献数字化得到了大力发展，形成了信息量庞大的数据库，极大地促进了相关学科领域的快速发展，发挥着非常大的社会效益。得益于技术进步和国家政策支持，藏文古籍数据库正在大力发展。

二、我国藏文古籍数据库建设现状

国内藏文古籍收藏以高校和寺庙为主，较为分散，加之前期字符识别、语义理解技术不成熟，藏文古籍数据库建设工作起步较晚、进展较慢。新时代以来，在相关政策和项目的支持下，藏文数据库建设得到快速发展。

2012 年，喜马拉雅文库由才让多吉创建，是一家线下线上并重的古籍保护中心，整理、出版的图书均不作销售，仅赠送给符合受赠条件的藏学研究机构、学校、档案馆、图书馆和寺院等。截至目前，喜马拉雅文库已搜集整理各类纸质文献、电子文献共计 14 万册[6]。同年，西藏大学着手建设“中国藏文文献资源网”，目前已完成近 4000 种藏文现代图书、期刊和学位论文的扫描、上线工作，但未涉及藏文古籍的数字化[2]。2015 年，由中国藏学研究中心主办、由中国藏学杂志社以及中国藏学网联合全国藏文学术期刊共同创建的“中国藏文学术期刊网”上线[6]，同样未涉及藏文古籍的数字化。2021 年，民族文化宫图书馆上线“藏文古籍藏版目录查询网”，其收录了百余家印经院的原始藏版数据一万余条，数据包括藏版题名、藏版数量、分类、藏版地、信息来源等，又以知识性、思想性为内涵，发布有关古代藏文雕版印刷术的发展、历史、教育管理、材料加工等相关知识，但只有藏文古籍目录，而没有全文。

由上文可知，国内的藏文文献数据库建设以民族高校和相关藏学研究机构为主，文献大多为相关单位多年的走访、普查、整理建档和购置所积累，内容限于藏文期刊、现代图书、藏学学位论文等。虽然部分单位对藏文古籍尝试了数字化并上线分享，但都处在起步阶段，尚存在诸多问题有待探讨。

第二节　藏文古籍数字资源处理技术背景

近些年，信息处理技术发展迅速，尤其是以深度学习技术为代表的新兴技术取得了突破性进展，在多种应用场景中展现出超越传统方法的显著效果。其中，部分新兴技术已被应用于古籍数字资源处理中，并在一些任务中取得了成效。英文、中文、阿拉伯文、日文等文种古籍数字资源处理技术因研究人员多、应用需求多、起步早、资源丰富等，在整体上领先于藏文古籍数字资源处理技术。本节将分别介绍非藏文文种和藏文古籍数字资源处理在新兴技术上的进展。

一、非藏文文种古籍数字资源处理技术进展

古籍数字资源处理任务分为图像预处理、版面分析、字符识别以及其他任务。在不同任务中，非藏文文种古籍数字资源处理技术有着不同的进展。

（一）图像预处理

图像预处理的目的是提高古籍图像数据质量，以便更好地处理后续任务。古籍图像数据质量不高一般有两种原因：一是古籍本身因老化、渗墨、墨迹淡化等问题而导致的图像退化；二是古籍图像数量太少导致数据特征缺少统计意义。对此，古籍图像预处理分别有图像增强和图像增扩两类任务。

在图像增强任务中，常见的有二值化、去模糊、去噪、消除褪色、去除水印和去除阴影等六种操作。其中，二值化是古籍图像预处理任务中最常用的，是指将灰度图像、彩色图像转换为二值图像的过程。基于深度学习技术的新兴二值化技术有：文献[7]提出一个使用焦损耗作为发生器损耗的双鉴别器生成对抗网络（Generative Adversarial Network，简称 GAN）用于文献图像二值化；文献[8]将古

籍图像的二值化作为一个像素分类学习任务，并应用一种新颖的全卷积网络来处理退化的古籍图像。

在古籍图像增扩中，传统方法主要基于图像变换，例如光度变化、翻转、旋转、抖动和模糊等。深度学习技术的发展打破了传统方法的框架，出现了使用生成对抗网络为代表的人工合成图像样本的图像增扩方法，如文献[9]提出通过训练生成对抗网络来学习从输入图像到输出图像的映射函数，实现了人工合成古籍图像。

（二）版面分析

版面分析是对版面内的图像、表格、文本区域等信息以及这些信息的位置关系进行划分、识别的过程。对古籍图像进行有效、准确的版面分析是实现后续古籍字符识别等任务的前提和基础，直接关系文字识别准确率等性能。版面分析包括版面分割和版面识别两个阶段，其中，版面分割是版面识别的基础。下面分别介绍深度学习技术用于古籍图像的版面分割和版面识别的进展。

大多数传统图像分割方法的处理对象仅限于印刷版文献图像，用于版面分割的深度学习技术把处理对象扩展到手写版古籍图像，并取得了一定效果。例如，文献[10]提出一种把卷积神经网络用于手写历史文档图像页面分割的方法，该方法与传统的页面分割方法依赖于现成的分类器和手工制作的特征训练相区别，直接从图像块学习特征，将特征学习和分类模型训练结合在一起。文献[11]提出一种基于深度全卷积网络的框架，用于对阿拉伯语和拉丁语古籍图像进行文本行分割。

在古籍版面识别方面，近年来有较多研究采用深度学习技术。其中，文献[12]提出一种基于循环神经网络（Recurrent Neural Network，简称 RNN）的模型，实现对藏文古籍文本行的识别。文献[13]提出一种基于多尺度门控机制并结合扩展卷积和密集连接的全卷积神经网络模型，实现对在历史报纸图像中出现的各种语义实体的像素级标记，最终能准确识别出标题、正文、广告等不同的版面内容。

（三）字符识别

字符识别是指识别图像中文字、数字以及其他符号，已是研究者们最广泛研究的任务之一。传统的字符识别方法是在模式识别的基础上进行的。随着近年深度学习技术的发展，基于卷积神经网络的字符识别技术打破了传统技术的框架，在识别效率与准确率上均有了质的飞跃。例如，文献[14]在古籍图像数量有限的情况下，为了提高手写文字识别的正确率，首先解决了从一个大型数据库到一个较小古籍数据库的迁移学习问题，然后再结合数据增扩方法，采用一个递归卷积神经网络，实现了更优的手写文本识别效果。文献[15]就日文古文字识别，提出一种能识别连续三个字符的网络，该方法使用单字符和二值分类器来区分字符，并使用双向长短期记忆网络识别字符串。文献[16]提出一种基于快速小波变换和特征分类算法的卷积神经网络，以解决阿拉伯手写文字的分类和识别。

（四）其他任务

除上述任务外，还有一些与古籍相关的其他任务，如文献[17]提出一个端到端的系统，该系统基于一种残差网络模型，通过识别手写文献的笔迹来判断该文献作者；文献[18]提出一种基于深度学习的方法来估计古籍图像的生成年份；文献[19]提出一种基于附加信息的生成对抗网络，用于古籍残缺图像的数字化修复工作。

二、藏文古籍数字资源处理技术进展

藏文古籍数字资源处理技术在整体上落后于主流文种古籍数字资源处理技术，大多数尚停留在传统方法上，而少数以深度学习技术为代表的新兴技术仅集中在文本检测和字符识别任务上。

在文本检测上，2020年，王梦锦采用CTPN（Connection Text Proposal Network）和EAST（Efficient and Accurate Scene Text Detector）检测藏文古籍中文本行区域[20]。同年，吴燕如采用改进的Faster R-CNN（Faster Regions with CNN feature）和SSD（Single Shot Multibox Detector）实现对藏文现代印刷物版面中的文本行区域的检测[21]。2021年，胡鹏飞在现有文档分析与识别相关理论方法与技术的基础上，研究了乌金体藏文古籍版面分析、文本行分割以及文本行识别[22]。

在字符识别上，2019年，仁青东主等人针对自然场景中的图像质量复杂、文字黏连的问题，提出一种适合于藏文的卷积循环神经网络与连接时域分类相结合的自然场景藏文识别模型，并采用基于滑动窗口的行识别技术，解决行文字较长时粘连文字识别问题[23]。2021 年，仁青东主提出一种基于深度学习的文本行检测方法，并进行后续的文字识别[24]。同年，Huang[25]采用 OCR 预处理和编码格式转换，降低原始数据的复杂度，并根据用户检索数据的难度要求，选择关键词或本体，进一步扩展和丰富语义，提高检索结果的准确性。同年，洪松[26]对自然场景下的乌金体藏文检测与识别进行了相关研究。

国内外虽然在藏文数字化资源处理上已经取得一些成果，但在新兴技术上的进展主要集中在最近几年，且通常处理的是当代印刷体藏文，与非藏文古籍数字化资源处理相比，任务较为单一。

第三节　研究内容与思路

在上述背景下，本书将对面向全信息检索的藏文古籍数据库建设进行探讨。其中，全信息检索是指既检索藏文古籍图像全文信息，又检索文献学特征信息：前者是指在大量藏文古籍数字图像中，检索到感兴趣的文字内容，这是具有现实意义的任务；后者关注文献载体、印制方式、装帧形式、墨种、字体，甚至污损程度、残缺程度等文献特征，其和前述文字内容一起因被广泛用于对文献特点、功能、类型、生产、分布、发展规律和文献发展历史等的研究中，而被文献学研究者重点关注。

本书围绕面向全信息检索的藏文古籍数据库建设，主要涉及藏文古籍数字资源搜集与处理、藏文古籍图像全文检索、藏文古籍文献学特征检索等三方面研究内容，它们之间关系如图 1-1 所示：缘起于文献数字化大背景，“藏文古籍数字资源搜集与处理”强调藏文古籍数据资源生成和管理，并经处理后为其他两方面内容提供数据基础；“藏文古籍图像全文检索”和“藏文古籍文献学特征检索”力图共同探索藏文古籍全信息检索，强调的是对前述所生成和管理的藏文古籍数据资源作深入处理，其中“藏文古籍图像全文检索”研究相应的算法模型和提供全文检索所需的数据，“藏文古籍文献学特征检索”研究相应的算法模型和提供文献学特征检索所需的数据。与这三方面研究内容对应地，本书共设计了藏文古籍数字资源搜集与处理，藏文古籍图像全文检索、藏文古籍文献学特征检索三篇。

需要注意的是，由于以新一代人工智能技术为代表的新兴信息技术突飞猛进、日新月异，本书中“藏文古籍图像全文检索”和“藏文古籍文献学特征检索”绝非意在一劳永逸地研发一套成熟技术，而是致力于通过展示新兴信息技术在藏文古籍数字资源处理上的有效性，诠释面向全信息检索的藏文古籍数据库建设思想，期望能抛砖引玉地为广大文献学研究者和文献数字化工作者提供一些有益参考。

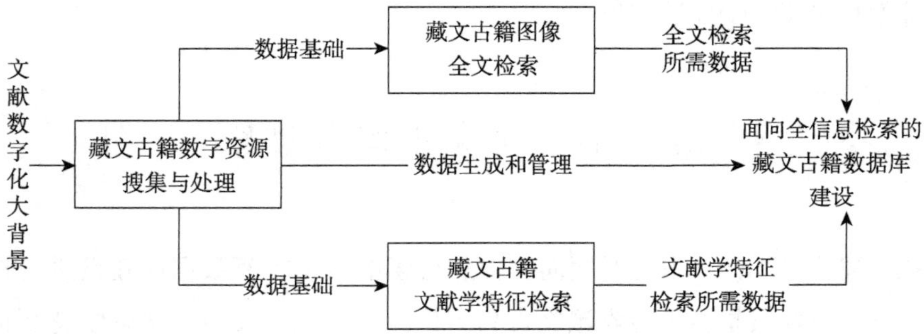

图 1-1　主要研究内容之间的关系

第一篇　藏文古籍数字资源搜集与处理

“巧妇难为无米之炊”，藏文古籍数字资源是进行藏文古籍数据库建设与藏文古籍数字资源深度处理的数据基础。藏文古籍数字资源包括藏文古籍图像资源与元数据资源两大类：前者是指对藏文古籍进行扫描、拍照后形成的数字图像，体现了藏文古籍实物的形状、颜色、字形、字迹褪色、背景污损、版面残缺等视觉特征，这是藏文古籍数字资源中最基本的内容，也是进行藏文古籍数据库建设与对数字资源作深度处理的最主要对象。后者是指与藏文古籍相关的描述数据，比如版式、卷数、作者、摘要等信息，其数据格式、完整性和实用性会在很大程度上影响对藏文古籍数字资源管理和处理的方式，适宜的藏文古籍元数据是实现数字资源高效管理和处理的基础。随着藏文古籍数字化工作的开展，国内外已涌现出较多的藏文古籍数字图像和元数据。

但是，现有藏文古籍数字图像还存在一些问题，如在纸质文献放置、数字成像等扫描过程中，因人为因素和扫描物理缺陷不可避免地会使藏文古籍数字图像发生几何形变；部分藏文古籍数字图像分辨率低下。同时，藏文古籍元数据也存在一些问题。例如，元数据格式尚未统一：我国尚没有通用的藏文古籍著录规则，各单位的藏文文献编目基本上是自行其是；国外也是如此，例如 TBRC 采用了自己研究的编目方式，包含诸如标题、主题分类、描述说明、后记等条目信息。再如，元数据语种有差异，如 TBRC 元数据多为藏文威利转写而少有藏文和中文。

对此，本篇将搜集藏文古籍数字图像和元数据，并进行藏文古籍数字图像几何校正、藏文古籍图像的超分辨率重建、兼容已有数据的元数据格式设计等处理，旨在以藏文古籍数字资源搜集与处理的一些具体实践，展示文献数据库建设中的基础数据样式与管理，为更广泛的文献数字图像和元数据搜集与处理提供参考。

本篇研究思路如图 I-1 所示：在横向上，把藏文古籍数字资源分为“藏文古籍图像”和“藏文古籍元数据”两类资源，在纵向上，分为“资源搜集”和“资源处理”两个阶段。在藏文古籍图像资源上，首先搜集藏文古籍图像资源，展示藏文古籍图像样例，然后为提高藏文古籍图像质量，探讨藏文古籍图像几何形变、分辨率低下等问题。在藏文古籍元数据资源上，首先搜集藏文古籍元数据资源，分析了现有藏文古籍元数据资源格式和相关标准，然后设计可满足多来源要求和可扩展的元数据方案，并用数据库软件进行管理。

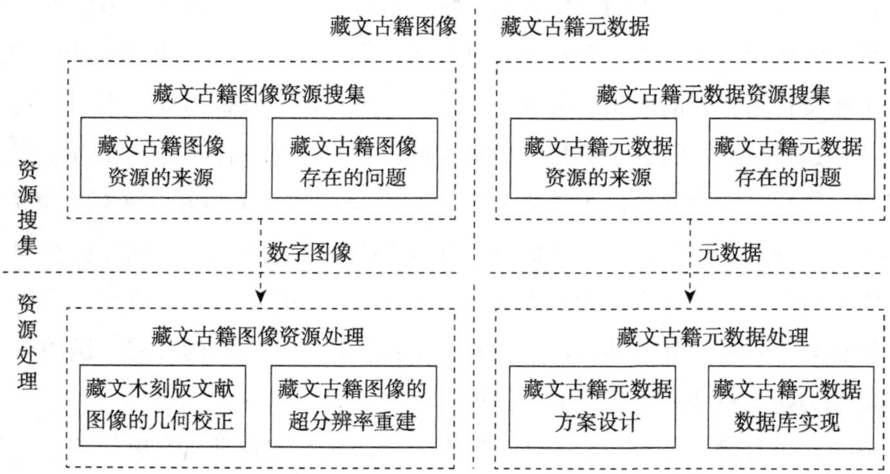

图 I-1　藏文古籍数字资源搜集与处理思路

在内容结构上，包括如下两章：

第二章，藏文古籍数字图像资源搜集与处理：介绍藏文古籍数字图像的来源，展示图像资源样例，并探讨藏文木刻版古籍图像几何校正、藏文古籍图像超分辨率重建等内容。

第三章，藏文古籍元数据资源搜集与处理：介绍藏文古籍元数据的来源，探讨其方案设计、数据库实现等内容。

第二章 藏文古籍数字图像资源搜集与处理

第一节 藏文古籍图像资源搜集

藏文古籍图像资源是研究所需的最为基础的数据，其数量和质量是保证后续研究的基石。本研究所需的藏文古籍图像资源来源于西南民族大学中华民族古籍文献中心，其收藏有全国高校中数量最多的藏学文献，涵盖大藏经、藏医、藏戏等藏文典籍和部分当代藏学专著。

图 2-1 至图 2-3 是一些藏文古籍图像样例，其中为了更好地显示图像边界，在图像四周加了黑色边框。从这些样例可以看出，藏文古籍图像在版式上分为手写版和木刻版，在像素值上可分为二值、灰度、彩色图像，具有不同的背景特征、前景特征以及污损程度等外观特征。

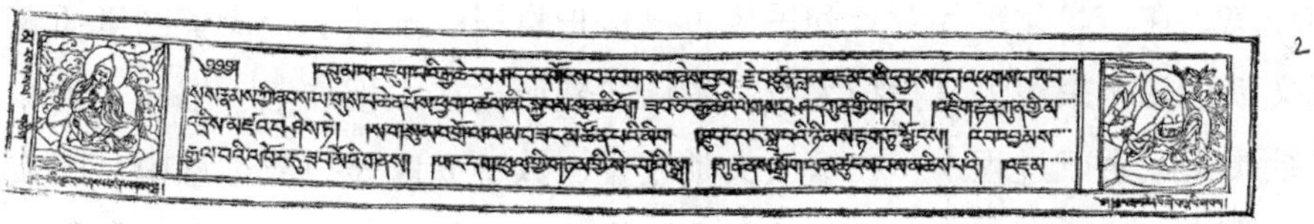

图 2-1 《宗喀巴文集》图像样例：白底、黑字、木刻版

（来源：《宗喀巴文集》第 16 函第 2 页）

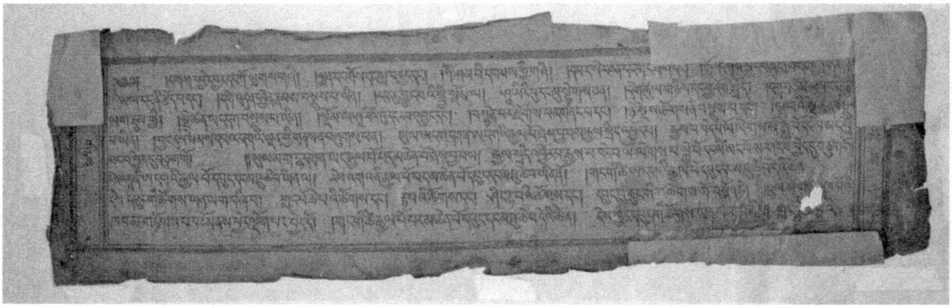

图 2-2 《甘珠尔·律部》图像样例：褐底、红字、木刻版

（来源：《甘珠尔·律部》第 1 函第 2 页）

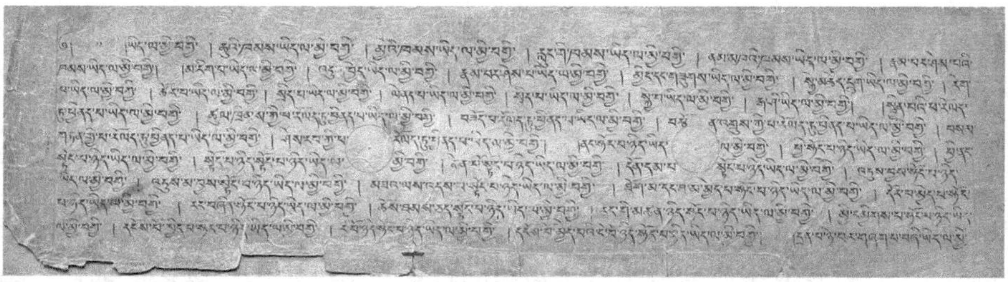

图 2-3 《甘珠尔·般若部》图像样例：黄底、黑字、手写版

（来源：《母经》第 11 函第 2 页）

在藏文古籍中，有很多木刻版文献，装帧形式一般是梵夹装，呈长条状。据对俄藏黑水城出土文献的考证成果[27]，梵夹装木刻版文献在不晚于 12 至 13 世纪就有问世。时至今日，涉藏地区仍然有保存完整且继续从事刻印的场所，如德格印经院。在信息化时代背景和民族古籍保护意识的推动下，传统的纸质藏文木刻版文献近几年来被大量扫描为数字图像。然而，在木板加工、书写、编刻、印制等纸质文献生成过程中，在纸质文献放置、数字成像等扫描过程中，因人为因素和扫描物理缺陷不可避免地会使数字图像发生几何形变，其形变复杂，且每页都有不同形变。而数字图像的质量关系到后续处理效果，因此对藏文木刻版文档图像进行几何校正具有重要意义。

此外，图像超分辨率重建技术（Image Super Resolution，简称 ISR）是一种从已有低分辨率（Low Resolution，简称 LR）图像生成高分辨率（High Resolution，简称 HR）图像的技术。藏文古籍因保存和图像采集不当等历史原因，存在纹理特征消失、文字模糊等现象，对其进行超分辨率重建并以高质量的图片形式保存，不仅有助于后续图像处理和研读文献内容，而且可在一定程度上替代古籍修复而避免因直接接触损害古籍，对保护古籍有重要意义。

为此，本章余下部分将探讨藏文木刻版古籍图像几何校正和藏文古籍图像超分辨率重建，期望抛砖引玉地为更广泛地采用各类方法进行古籍数字图像处理提供有益参考。

第二节　藏文木刻版古籍图像几何校正

针对图像的几何形变问题，研究者们曾提出较多的几何校正方法。可以把这些方法归纳为刚性形变校正方法和非刚性形变校正方法。第一类方法认为图像只存在方向改变，把图像进行旋转即可校正，包括投影法[28][29]、Fourier 方法[30][31]、Hough 方法[32][33]、近邻法[34][35]、形态统计方法[36]、游程长度平滑图像（Run-Length-Smoothed Image）方法[37]和主轴最远对四边形（Principle-axis Farthest Pairs Quadrilateral）方法[38]等，它们的本质在于采用不同方法求解图像的倾斜角。第二类方法认为图像不仅存在方向改变，而且有几何畸变，通过构建变形图像与未变形图像之间的空间函数模型，把变形图像各像素位置映射到不变形空间，例如，文献[39]在处理电子内窥镜图像桶形畸变时，采用栅格状的校正样板，通过考察栅格节点位置的变化确定畸变图像与理想图像间的关系，据此实现图像的畸变校正；文献[40]在处理大倾角超广角系统获得的全景视场图像的非线性几何畸变时，利用平面网格模板图像中心点、共线点的交比不变性和获得的失真参数对径向畸变进行校正，采用透视变换法对透视畸变进行校正。

由于藏文木刻版文档图像形状不仅存在方向改变，而且有几何畸变，因此不适合采用第一类方法。第二类方法的校正精度直接依赖于变形图像与未变形图像之间的空间函数模型，然而藏文木刻版文档图像不仅每页图像形变规律难寻，且页之间有不同形变，存在建模困难的缺陷，因此也不适合采用第二类方法。到目前为止，未见有文献对藏文木刻版文档图像的几何校正进行研究。

对此，笔者采取了与已有方法不同的思路，把复杂且多变的藏文木刻版文档图像进行分解，减小分解后各子图像的形变复杂性，然后分而治之地进行校正，并把重点放在校正后子图像的无缝拼接上。本节提出了藏文木刻版文档图像几何校正的具体方法，并从理论和实验上证明了该方法的可行性。这种思路和校正方法也可为其他图像复杂形变的校正提供一些参考。

一、藏文木刻版古籍图像几何畸变的特点

梵夹装木刻版文献一般长为 20 至 100 厘米，宽为 5 至 30 厘米，行文 4 至 7 行，并在每页四周设有边框线[41]。在木板加工、书写、编刻、印制等纸质文献生成过程中，在纸质文献放置、数字成像等扫描过程中，人为因素和扫描物理缺陷不可避免地会使数字图像发生几何形变，尤其是在长边方向上，形变更为突出。由于每页梵夹装木刻版文献均来自对应的木刻母板，一页一印，所以，每页图像形变不一样。如图 2-4 所示，以德格版《宗喀巴文集》中某两页图像为例展示了形变的多样性（为了区分图像的边界，这里在边界处特意添加了黑色矩形框，下文同）：在图 2-4（a）中，在倾斜形变的基础上，在长边方向上左端略窄且下垂，右端略宽且上翘；在图 2-4（b）中，在长、短边方向上，均有形变，尤以长边为甚，在长边方向上，左端呈折弯状而右端较为平坦。这些是藏文木刻版文献常有的现象。

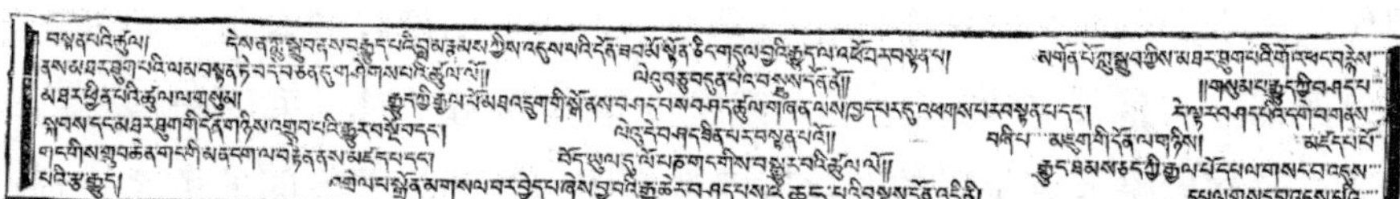

（a）德格版《宗喀巴文集》第 5 函第 60 页

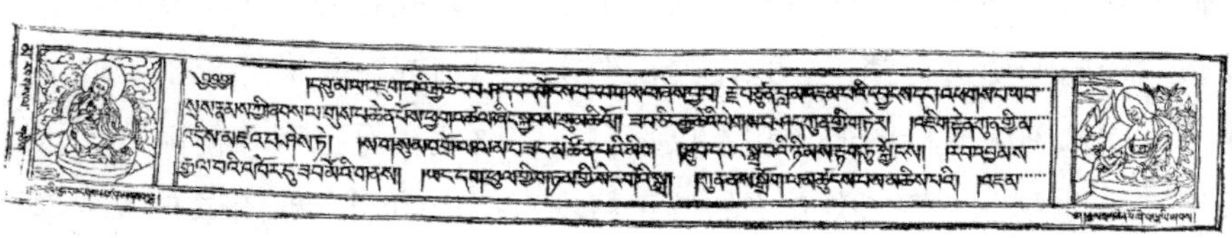

（b）德格版《宗喀巴文集》第 16 函第 2 页

图 2-4　藏文木刻版图像形变示例

由于上述形变中存在长边方向上的无规则弯曲，以检测倾斜角为主要思想的

投影法、Fourier 方法、Hough 方法和近邻法等刚性形变校正方法对此都不适用。由于各页形变的复杂性和页面间的差异性，已有的以空间函数建模为主要思想的非刚性形变校正方法对此也存在困难。

二、图像几何校正的分段策略

由于藏文木刻版古籍图像的几何形变在长边方向上最甚，因此把长化短、把复杂化简单就自然地成为几何校正的一种解决思路。本小节将给出具有普遍意义的图像几何校正分段策略的定义和难点，然后在后续两小节中就藏文木刻版古籍图像提出针对性的解决方法。

定义　图像几何校正的分段策略是一种图像几何校正的方法，是一个 3 元组 (I, S, M)，其中：

(1) I 是待校正的图像；

(2) S 是对 I 进行分段的方法，即 $S(I) = \{I_1, I_2, \cdots\cdots, I_N\}$，其中 I_1，I_2，……，I_N 分别表示第 1，2，……，N 个子图像，N 是子图像数量，$I_1 \cup I_2 \cup \cdots\cdots \cup I_N = I$；

(3) M 是对 I 中各子图像进行几何校正的方法集合，即 $M = \{M_i \mid M_i(I_i) = I_i', i=1, 2, \cdots\cdots, N\}$，其中 I_i 表示第 i 个子图像，M_i 表示对 I_i 的校正方法，I_i' 表示对 I_i 进行校正后的图像。

已有的图像几何校正方法把原图像作为一个整体并采取一种校正方法进行处理，是上述图像几何校正的分段策略的特例，其中：

(1) I 是待校正的图像；

(2) S 保持 I 不变，即 $S(I) = I$，这是上述定义中子图数量 $N=1$ 时的情形；

(3) M 是把 I 作为整体进行校正的方法，即 $M(I) = I'$，这也是上述定义中子图数量 $N=1$ 时的情形。

相对已有方法，图像几何校正的分段策略允许把图像划分为多段，例如图 2-5展示了一种把图像进行分段的简单方法，其把图像在横向上进行均分，分段后子图像有 I_1，I_2，……，I_{N-1}，I_N。如果在每个子图像上采用已有方法进行校正，很容易造成校正后的相邻子图像之间的拼接困难，如图 2-6 所示：图 2-6 (a)是校正前的两相邻子图像 I_{N-1} 和 I_N，其中线段 AB 是它们的分割线；图 2-

6（b）是采用文献[42]中 Hough 方法对图 2-6（a）中 I_{N-1} 和 I_N 进行校正后的图像 I'_{N-1} 和 I'_N，其中为了突出显示几何校正结果，在图像旋转后把需要补充的像素设置为黑色，点 A 和 B 在子图像 I_{N-1} 中分别变换为图像 I'_{N-1} 中点 C 和 D，在子图像 I_N 中分别变换为图像 I'_N 中点 E 和 F；图 2-6（c）显示图像 I'_{N-1} 和 I'_N 在拼接时出现了错位，这是因为各子图像是分开校正的，旋转角度一般不一致，没有考虑相邻子图像像素点位置的相关性。

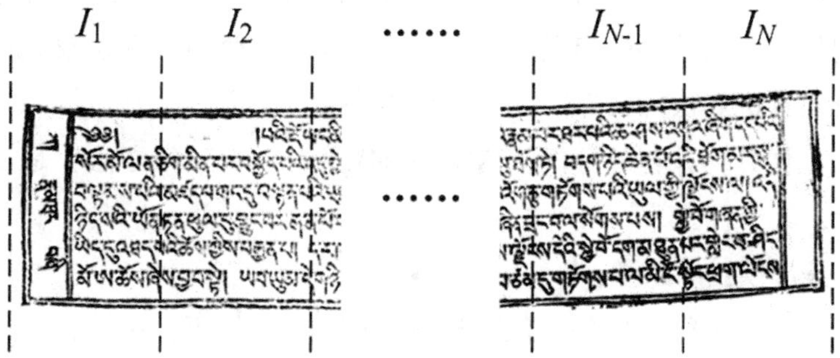

图 2-5　把图像在横向上进行平均分段的示例

（a）校正前的子图像 I_{N-1} 和 I_N

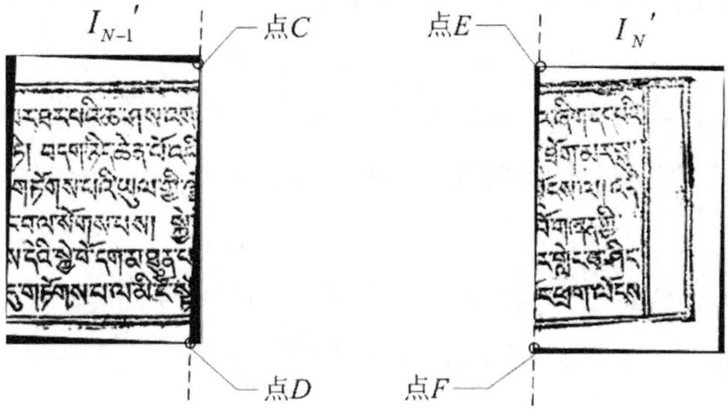

（b）采用 Hough 变换法对子图像 I_{N-1} 和 I_N 分别进行校正后的图像 I_{N-1}' 和 I_N'

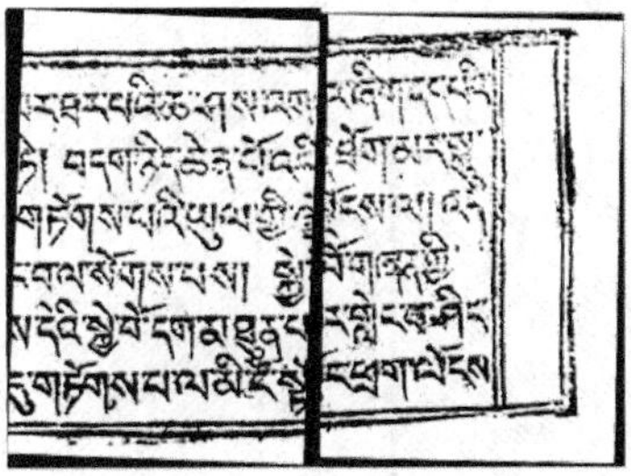

（c）校正后图像 I_{N-1}' 和 I_N' 在拼接时出现错位

图 2-6　已有方法存在拼接困难的示例

因此，这需要图像几何校正的分段策略中的校正方法不仅能对各子图像进行校正，而且还能实现校正后相邻子图像之间的无缝拼接。

三、藏文木刻版文档子图像的校正方法

针对图像几何校正分段策略中的子图像校正和拼接问题，本小节将给出藏文木刻版文档子图像校正方法和无缝拼接的理论条件。

定理 1：如图 2-7 所示，中间竖直实线是两相邻子图像 I_i 与 I_j 的分割线，(x_m^i，y_m^i) 是子图像 I_i 上的点，(u_m^i，v_m^i) 是 (x_m^i，y_m^i) 校正后的点，(x_m^j，y_m^j) 是子图像 I_j 上的点，(u_m^j，v_m^j) 是 (x_m^j，y_m^j) 校正后的点，其中 $m=1$，2，3，4。当这些点之间的位置关系同时满足下面三个条件时，子图像 I_i 与 I_j 分别通过射影变换（Projective Transformation）进行校正后可无缝拼接。

（1）同一子图像中变换前任意三点及变换后任意三点均不共线。

（2）点（x_1^i，y_1^i）、（x_1^j，y_1^j）、（x_2^i，y_2^i）和（x_2^j，y_2^j）位于分割线上，且（x_1^i，y_1^i）=（x_1^j，y_1^j），（x_2^i，y_2^i）=（x_2^j，y_2^j）；点（u_1^i，v_1^i）、（u_1^j，v_1^j）、（u_2^i，v_2^i）和（u_2^j，v_2^j）位于同一竖直线上，且（u_1^i，v_1^i）=（u_1^j，v_1^j），（u_2^i，v_2^i）=（u_2^j，v_2^j）。

（3）点（x_3^i，y_3^i）与（x_4^i，y_4^i）、点（u_3^i，v_3^i）与（u_4^i，v_4^i），点（x_3^j，y_3^j）与（x_4^j，y_4^j）、点（u_3^j，v_3^j）与（u_4^j，v_4^j）分别位于同一竖直线上。

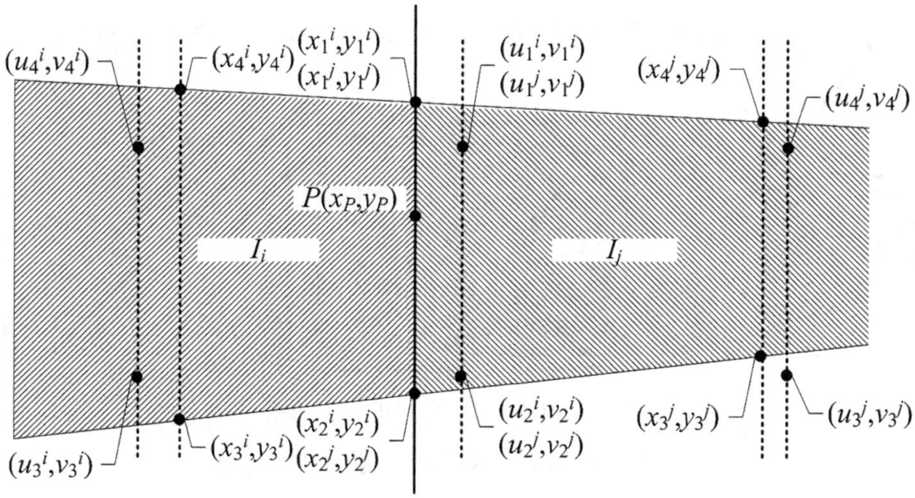

图 2-7　定理 1 中各点的示意图

证明：

根据文献［43］，在射影变换中，直角坐标系中的点（x，y）可以通过射影变换矩阵 $T=\begin{bmatrix} t_{11} & t_{12} & t_{13} \\ t_{21} & t_{22} & t_{23} \\ t_{31} & t_{32} & t_{33} \end{bmatrix}$变换为点（$u$，$v$），其中，

$$(u,\ v)\ =T((x,\ y))=\left(\frac{t_{11}\cdot x+t_{21}\cdot y+t_{31}}{t_{13}\cdot x+t_{23}\cdot y+t_{33}},\ \frac{t_{12}\cdot x+t_{22}\cdot y+t_{32}}{t_{13}\cdot x+t_{23}\cdot y+t_{33}}\right)。\quad (2-1)$$

由于 T 与 $\lambda\cdot T$（其中，λ 表示不等于 0 的常数）具有一样的变换效果，因此可以简化地取值 $t_{33}=1$。如果已知四个变换前的点及对应的四个变换后的点，

且变换前任意三点及变换后任意三点均不共线，则射影变换矩阵 T 中的所有待确定元素可以被求解。

因此，根据条件（1），子图像 I_i 与 I_j 的射影变换矩阵（记为 T_i 和 T_j）可求得。在每个子图像中，可以把射影变换前后的四对点的位置关系写成如下矩阵运算形式（由于子图像 I_i 与 I_j 具有一样的推理过程，下式中舍去了上下标 i 和 j）：

$$[u_1\ \ u_2\ \ u_3\ \ u_4\ \ v_1\ \ v_2\ \ v_3\ \ v_4]' = \begin{bmatrix} x_1 & y_1 & 1 & 0 & 0 & 0 & -u_1\cdot x_1 & -u_1\cdot y_1 \\ x_2 & y_2 & 1 & 0 & 0 & 0 & -u_2\cdot x_2 & -u_2\cdot y_2 \\ x_3 & y_3 & 1 & 0 & 0 & 0 & -u_3\cdot x_3 & -u_3\cdot y_3 \\ x_4 & y_4 & 1 & 0 & 0 & 0 & -u_4\cdot x_4 & -u_4\cdot y_4 \\ 0 & 0 & 0 & x_1 & y_1 & 1 & -v_1\cdot x_1 & -v_1\cdot y_1 \\ 0 & 0 & 0 & x_2 & y_2 & 1 & -v_2\cdot x_2 & -v_2\cdot y_2 \\ 0 & 0 & 0 & x_3 & y_3 & 1 & -v_3\cdot x_3 & -v_3\cdot y_3 \\ 0 & 0 & 0 & x_4 & y_4 & 1 & -v_4\cdot x_4 & -v_4\cdot y_4 \end{bmatrix} \cdot \begin{bmatrix} t_{11} \\ t_{21} \\ t_{31} \\ t_{12} \\ t_{22} \\ t_{32} \\ t_{13} \\ t_{23} \end{bmatrix} \tag{2-2}$$

若把式（2-2）记为 $Uv=Xy\cdot Tvec$，其中 $Uv=[u_1\ \ u_2\ \ u_3\ \ u_4\ \ v_1\ \ v_2\ \ v_3\ \ v_4]'$，$Xy$ 为上式等号右边第一个矩阵，$Tvec=[t_{11}\ \ t_{21}\ \ t_{31}\ \ t_{12}\ \ t_{22}\ \ t_{32}\ \ t_{13}\ \ t_{23}]'$，则有

$$Tvec=Xy^{-1}\cdot Uv, \tag{2-3}$$

故，可以据此确定射影变换矩阵中各元素。

I_i 与 I_j 在变换后能无缝拼接的充分必要条件是，分割线上的任意一点 P（坐标记为（x_P，y_P））满足

$$T_i((x_P, y_P)) = T_j((x_P, y_P)) \tag{2-4}$$

根据式（2-1）和（2-4），则有

$$\frac{[x_P, y_P, 1]\cdot T_i}{W_P^i} = \frac{[x_P, y_P, 1]\cdot T_j}{W_P^j}, \tag{2-5}$$

其中，

$$\begin{aligned} W_P^i &= [x_P, y_P, 1]\cdot[t_{13}^i, t_{23}^i, 1]' \\ W_P^j &= [x_P, y_P, 1]\cdot[t_{13}^j, t_{23}^j, 1]'。 \end{aligned} \tag{2-6}$$

由条件（2）和（3）可知：

$$\begin{cases}x_1^i=x_2^i\\x_3^i=x_4^i\\u_1^i=u_2^i\\u_3^i=u_4^i\end{cases},\tag{2-7}$$

$$\begin{cases}x_1^j=x_2^j\\x_3^j=x_4^j\\u_1^j=u_2^j\\u_3^j=u_4^j\end{cases}。\tag{2-8}$$

分别把式（2-7）和（2-8）代入式（2-2），可得到：

$$\begin{cases}t_{23}^i=0\\t_{23}^j=0\end{cases}。\tag{2-9}$$

则有：

$$\begin{cases}W_1{}^i=W_2{}^i\\W_1{}^j=W_2{}^j\end{cases},\tag{2-10}$$

其中，$W_1^i=(x_1^i,\ y_1^i,\ 1)\cdot(t_{13}^i,\ t_{23}^i,\ 1)'$，$W_2^i=(x_2^i,\ y_2^i,\ 1)\cdot(t_{13}^i,\ t_{23}^i,\ 1)'$，$W_1^j=(x_1^i,\ y_1^i,\ 1)\cdot(t_{13}^j,\ t_{23}^j,\ 1)'$，$W_2^j=(x_2^i,\ y_2^i,\ 1)\cdot(t_{13}^j,\ t_{23}^j,\ 1)'$。

则有：

$$W_1{}^i\cdot W_2{}^j=W_1{}^j\cdot W_2{}^i。\tag{2-11}$$

把条件（1）中的$(u_1^i,\ v_1^i)=(u_1^j,\ v_1^j)=(u_2^i,\ v_2^i)=(u_2^j,\ v_2^j)$代入式（2-11），可得：

$$W_1^i\cdot W_2^j\cdot[(u_1^i,\ v_1^i,\ 1)-(u_2^j,\ v_2^j,\ 1)]=$$
$$W_1^j\cdot W_2^i\cdot[(u_1^j,\ v_1^j,\ 1)-(u_2^i,\ v_2^i,\ 1)]\tag{2-12}$$

根据式（2-1），再由条件（2）中的$(x_1^i,\ y_1^i)=(x_1^j,\ y_1^j,\ 1)$、$(x_2^i,\ y_2^i)=(x_2^j,\ y_2^j)$，可得：

$$\begin{cases}\dfrac{(x_1^i,\ y_1^i,\ 1)\ \cdot T_i}{W_1^i}=(u_1^i,\ v_1^i,\ 1)\\ \dfrac{(x_2^i,\ y_2^i,\ 1)\ \cdot T_i}{W_2^i}=(u_2^i,\ v_2^i,\ 1)\\ \dfrac{(x_1^i,\ y_1^i,\ 1)\ \cdot T_j}{W_1^j}=(u_1^j,\ v_1^j,\ 1)\\ \dfrac{(x_2^i,\ y_2^i,\ 1)\ \cdot T_j}{W_2^j}=(u_2^j,\ v_2^j,\ 1)\end{cases}\text{。} \tag{2-13}$$

把式（2-13）代入式（2-12），经整理后可得：

$$\begin{aligned}&W_2^j\cdot\ (x_1^i,\ y_1^i,\ 1)\ \cdot T_i+W_1^j\cdot\ (x_2^i,\ y_2^i,\ 1)\ \cdot T_i=\\&W_2^i\cdot\ (x_1^i,\ y_1^i,\ 1)\ \cdot T_j+W_1^i\cdot\ (x_2^i,\ y_2^i,\ 1)\ \cdot T_j\end{aligned} \tag{2-14}$$

由于点 P 位于分割线上，故有：

$$\begin{cases}x_P=a\cdot x_1^i+b\cdot x_2^i\\ y_P=a\cdot y_1^i+b\cdot y_2^i\end{cases} \tag{2-15}$$

其中，$a+b=1$。

把条件（2）中的 $(u_1^i,\ v_1^i)=(u_1^j,\ v_1^j)$、$(u_2^i,\ v_2^i)=(u_2^j,\ v_2^j)$ 代入式（2-13），可得：

$$\begin{cases}\dfrac{(x_1^i,\ y_1^i,\ 1)\ \cdot T_i}{W_1^i}=\dfrac{(x_1^i,\ y_1^i,\ 1)\ \cdot T_j}{W_1^j}\\ \dfrac{(x_2^i,\ y_2^i,\ 1)\ \cdot T_i}{W_2^i}=\dfrac{(x_2^i,\ y_2^i,\ 1)\ \cdot T_j}{W_2^j}\end{cases} \tag{2-16}$$

即

$$W_1^j\cdot\ (x_1^i,\ y_1^i,\ 1)\ \cdot T_i=W_1^i\cdot\ (x_1^i,\ y_1^i,\ 1)\ \cdot T_j, \tag{2-17}$$

$$W_2^j\cdot\ (x_2^i,\ y_2^i,\ 1)\ \cdot T_i=W_2^i\cdot\ (x_2^i,\ y_2^i,\ 1)\ \cdot T_j\text{。} \tag{2-18}$$

把式（2-14）两侧乘以 $a\cdot b$、式（2-17）两侧乘以 a^2、式（2-18）两侧乘以 b^2，然后把三者的两侧相加，经整理可得：

$$\frac{[a\cdot\ (x_1^i,\ y_1^i,\ 1)\ +b\cdot\ (x_2^i,\ y_2^i,\ 1)\ ]\ \cdot T_i}{a\cdot W_1^i+b\cdot W_2^i}=$$

$$\frac{[a\cdot(x_1^i,\ y_1^i,\ 1)+b\cdot(x_2^i,\ y_2^i,\ 1)]\cdot T_j}{a\cdot W_1^j+b\cdot W_2^j}。\qquad(2-19)$$

把式（2-15）代入式（2-6）可得：

$$\begin{cases}W_P^i=a\cdot W_1^i+b\cdot W_2^i\\W_P^j=a\cdot W_1^j+b\cdot W_2^j\end{cases}。\qquad(2-20)$$

把式（2-15）和（2-20）代入式（2-19），即可得到式（2-5）。

证毕！

定理1给出了用来计算射影变换矩阵的点之间的位置关系，该关系是实现两相邻子图像经射影变换后能无缝拼接的充分条件。根据该定理，鉴于藏文木刻版古籍图像边框线提供了图像校正前后的参考基准，本书将在每个子图像的边框线上选取点，同时，将把校正前后的对应点简单地选取在同一竖直线上，如图2-8所示，这也是定理1的一个特例。

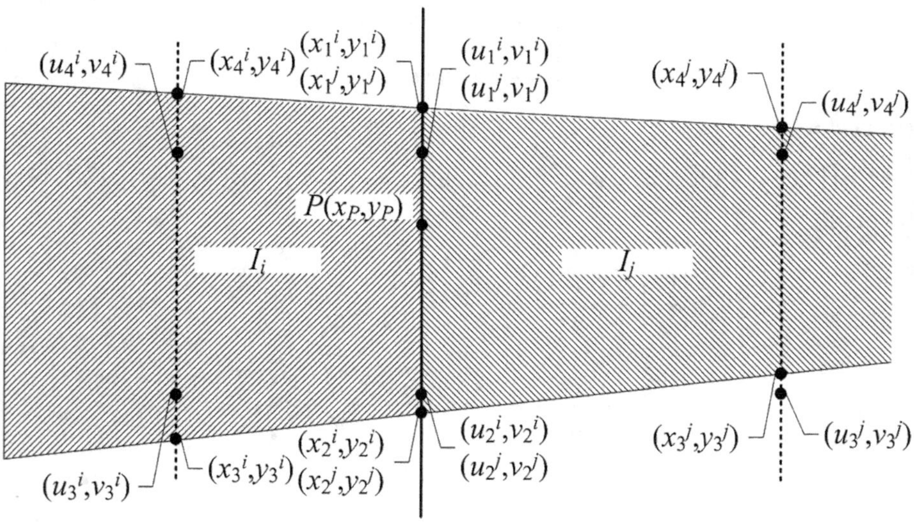

图2-8　定理1的特例

四、藏文木刻版古籍图像的分段方法

因为图像中的边框线由雕刻、印刷、扫描等因素所影响而具有不一致的宽度，甚至有些地方断裂，所以，分段用的竖直线与边框线可能不会相交，或者相交处可能是一条或多条长短不一的线段。这就使得上一小节提及的每一子图像的射影变换所需的上、下边框线上的点的位置仍然无法确定。本小节介绍解决方法。

（一）获取上下边框线上的点

用竖直线把图像按设定数量均分为若干子图像，在各子图像中，设置一个具有一定高度、与该子图像同宽的观察窗，使观察窗的底边从各子图像的中间行逐行往上移动并统计窗口中背景像素的比例，该比例一旦高于所设定的门限（为了后面方便引用，该门限称为背景像素门限），就判定此时观察窗上边所在行和观察窗中心所在列为上边框线上候选点所在位置，如图 2-9 所示，其中黑色矩形框为观察窗。对所有子图像进行这样处理后，可以获得上边框线上所有候选点。同理，可以判定下边框线上所有候选点。

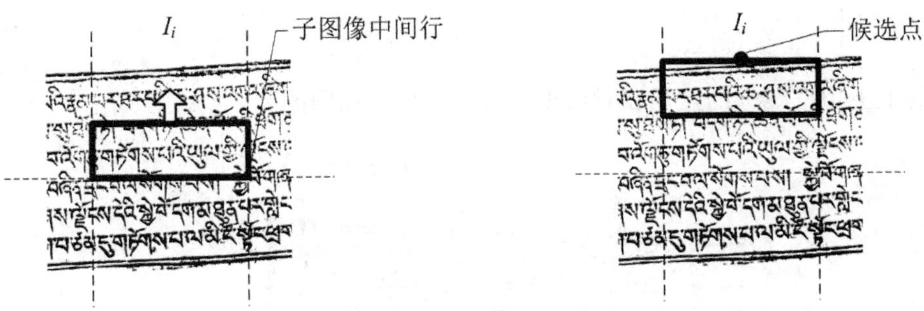

（a）观察窗向上逐行移动　　（b）确定候选点

图 2-9　上边框线上候选点的获取

由于左右边框线外侧一般为背景像素，含左或右边框线的子图像上所产生的候选点的位置一般会低于实际上边框线、高于实际下边框线，所以这些候选点应该被去除。对此采取方法如下：在上边框线上，计算所有候选点的纵坐标的最大值和最小值，把低于该最大值和最小值的均值的候选点去除；在下边框线上，计算所有候选点的纵坐标的最大值和最小值，把高于该最大值和最小值均值的候选点去除。这种方法还可以滤除候选点中由其他原因（如边框线内文字不均匀或噪声）造成的“飞点”。

（二）补齐上下边框线上的点

因为观察窗中背景像素的比例可能未达到设定门限，以及一些候选点被去除，所以，在同一子图像中，上一节所获得的上（下）边框线上的点不一定有下（上）边框线上的点与之对应，这会影响定理 1 中点之间的位置关系，如图 2-10 所示，点 D 和 E 分别缺失点 C 和 F 与之对应，为了满足定理 1 中点之间的位置关系，应该补充点 C 和 F，在图 2-10 中实心圆圈和空心圆圈分别表示边框线上已经选取的点和待补齐的点。

本书采用线性插值方法对缺失点进行补充。在图 2-10 所示例中，点 C 和 F 的位置分别根据点 A 和 E、点 B 和 D 采用线性插值来确定，记点 A、B、D 和 E 的位置分别为 (x_A, y_A)、(x_B, y_B)、(x_D, y_D) 和 (x_E, y_E)，则点 C 和 F 的位置分别为 $\left(x_D, y_A+\frac{y_E-y_A}{x_E-x_A}\cdot(x_D-x_A)\right)$ 和 $\left(x_E, y_B+\frac{y_D-y_B}{x_D-x_B}\cdot(x_E-x_B)\right)$。至此，所获取的上下边框线上的点均成对出现，每对点位于相同的列。

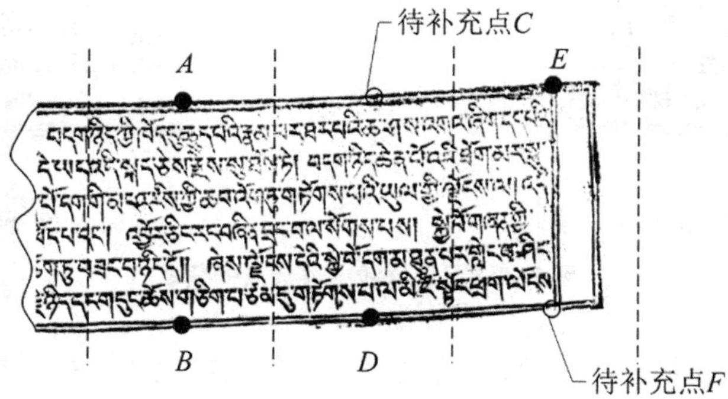

图 2-10　部分点需要补充的示意图

（三）基于上下边框线上的点进行分段

基于上一小节的结果，本书以相邻两对点各自连线为左右界把原图像分段成若干子图像，其中两端最边沿的子图像还包含最边沿一对点的外侧图像，如图 2-11所示，点 A 和 B、点 C 和 D、点 E 和 F 各是一对点，相邻的线 AB 与 CD 之间、线 CD 与 EF 之间各为一子图像，后者由于是最边沿的子图像，所以还包括

线 *EF* 右侧的图像，最终形成如图 2-11 所示的图像分段结果，其中每两相邻竖直虚线之间为一子图像。

在每个子图像中，用来分割图像的这两对点是计算射影变换矩阵所需的校正前的 4 个点，这 4 个点在校正后的位置确定如下：在横坐标上，与校正前的对应点相同；在纵坐标上，上（下）边框线上点在校正后均与上（下）边框线上校正前的第 *round*（*Num*/2）个点相同，其中 *round*（·）表示四舍五入取整数，*Num* 表示上（下）边框线上的所获取的点数。如图 2-11 所示，黑色圆点为校正前的点，黑色矩形点为校正后的点，其中：在横坐标上，点 *A*'、*B*'、*C*'、*D*'、*E*'、*F*' 分别与点 *A*、*B*、*C*、*D*、*E*、*F* 相同；在纵坐标上，点 *A*'、*C*'、*E*' 与上边框上校正前的第 *round*（*Num*/2）个点相同，点 *B*`、*D*`、*F*`与下边框上校正前的第 *round*（*Num*/2）个点相同。

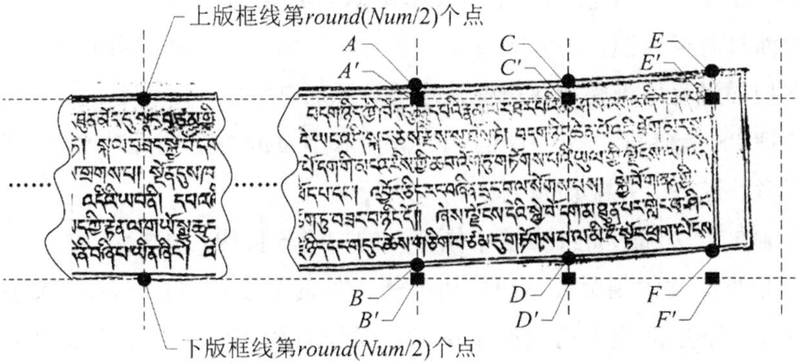

图 2-11　分段及计算射影变换矩阵所需点的位置示意图

（四）藏文木刻版古籍图像几何校正的流程

基于上述方法，藏文木刻版古籍图像的几何校正流程可概括为如下步骤：

（1）预处理藏文木刻版古籍图像，如二值化。

（2）获取上下边框上的点，见第二章第二节。

（3）补齐上下边框线上的点，见第二章第二节。

（4）基于上下边框线上的点进行分段，并获取在各子图像中用于计算射影变换的点的位置，见第二章第二节。

（5）计算各子图像的射影变换矩阵，见第二章第二节。

（6）对各子图像采用射影变换进行几何校正。

（7）计算几何校正后图像上各点位置的像素值。

其中，步骤（1）和（7）是一些常规的图像处理步骤，与本书的创新点无关，这里就不再赘述。为了方便起见，本书把采用上述校正流程的方法称为藏文木刻版古籍图像几何校正的分段策略（Piecewise Strategy for Geometric Correction of Tibetan Woodcut Document Images，简称 PS 策略）。

五、实　验

（一）实验设计

测试图像选取自德格版《宗喀巴文集》，共 19 函、17198 页，图像平均像素大小为 13405×2153，不仅包含了藏文木刻版古籍图像的复杂几何形变，而且还在如下方面具有代表性：内容既有文字也有人物画像，边框线既有单边框也有双边框，在扫描过程中人为地在边框线外手写添加有页码。

实验把 PS 策略与文献[42]中的 FFT 方法和 Hough 方法进行对比，所有实验在 Matlab 环境下进行，并配置如下：

（1）FFT 方法和 Hough 方法中倾斜角的检测步长均为 0.1°；

（2）根据藏文木刻版古籍图像边框线内外的文字和空白区域的大小，PS 策略中在获取上下边框线上的点时子图像数量设置为 10，观察窗的高为图像高的 0.1 倍，背景像素门限为 0.99；

（3）预处理过程只有图像二值化，其采用 Otsu 方法获取阈值；

（4）几何校正后图像的像素值采用双线性插值获得。

（二）实验结果和讨论

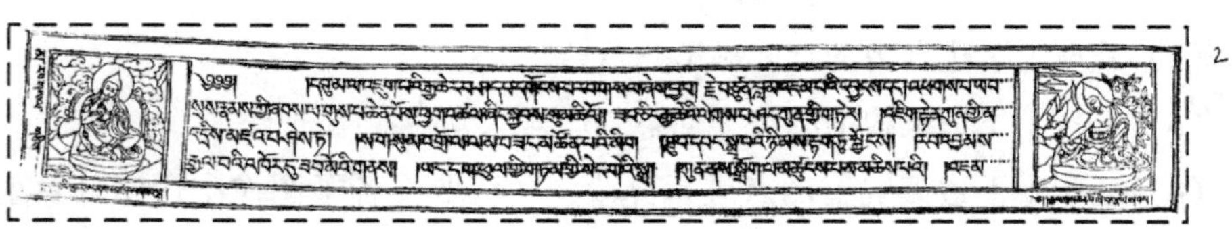

（a）Hough 方法校正结果

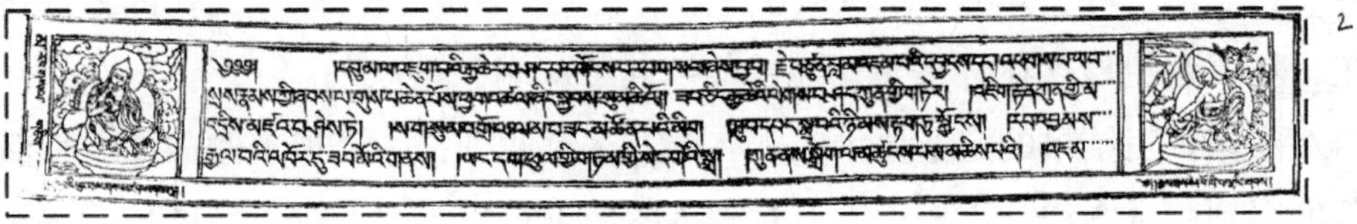

（b）Fourier 方法校正结果

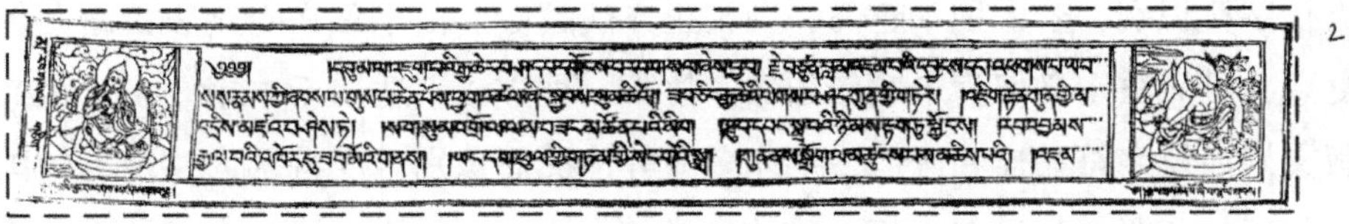

（c）PS 策略校正结果

图 2-12　藏文木刻版古籍图像示例的校正结果（虚线矩形框为参照用）

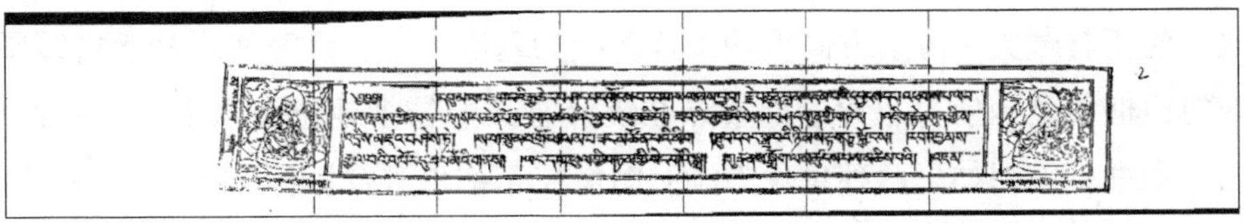

图 2-13　藏文木刻版古籍图像示例的各子图像校正和拼接结果

（虚线为子图像间的拼接处）

图 2-12 显示了对图 2-4 中一示例图像分别采用 FFT 方法、Hough 方法和 PS 策略校正后的直观结果，其中虚线为人为增加的水平放置的矩形框，通过观察其与边框线的距离变化可以判断几何校正效果，距离变化越均匀说明校正效果越好。通过对比，可见本书方法效果最优，这是因为其采用了分段策略，可以对各段分别校正且能无缝拼接，如图 2-13 所示：其把在校正时需补充的背景设置为黑色，从左上方和右下方的黑色区域的差异性可见，左端子图像较右端子图像在校正后有更大程度的变化，这恰好符合原图像“在长边方向上，左端呈折弯状而右端较为平坦”的校正所需，这是因为 PS 策略把原图像分成了多个子图像，根据边框线的形变而把不同子图像进行不同程度的校正，这较现有其他方法校正得更有针对性和细致；在各子图像校正后的拼接处画了虚线，可见该拼接并未出现图 2-6 所示的拼接错位的问题，这是因为 PS 策略在各子图像上采用了射影变换进行校正，且计算射影变换矩阵所需的各点满足定理 1 中子图像间能无缝拼接的

条件。相对地，FFT 方法、Hough 方法由于采用把图像进行整体旋转的方式进行校正，不可避免地存在“按下这端，却翘起了那端”的缺陷。

对图像校正结果的定量评价，现有的方法有两种：一是把未倾斜图像旋转一定角度得到测试图像，用校正方法对测试图像进行校正得到校正后图像，验证校正后图像与未倾斜图像的差异，若差异越小则校正方法越优；二是对校正后的图像进行字符识别，若识别率越高，则校正方法越好。由于藏文木刻版古籍图像形变复杂，且无法定义何为未倾斜图像，故第一种方法不适用于本书。由于藏文木刻版文档涉及字符黏连和遮挡、字体多变等情况而识别难度特别大，现有的国内外相关产品和资料都没有很好的解决方法[44][45]，而且其中的人物画像更是增加了藏文木刻版古籍图像的字符识别难度，因此，第二种方法也不适用于本书。由于藏文字形具有“基线”这一重要特征（在藏文字母的上方存在着一条水平平行线，使所有藏文字母上方高度均以这条线为基准[45]），且藏文木刻版古籍图像的理想边框线更是使得非背景像素点在统计意义上较多地位于水平方向直线内，所以，本书将采用如下两种量化方法对图像校正结果进行量化比较。

第一种量化方法是统计图像的水平投影，若投影的峰值越明显，则说明图像校正效果越好。由于水平投影是在已有藏文字符识别技术中对藏文古籍图像进行分割的基础步骤，所以该量化方法与采用字符识别率评价图像校正结果的方法具有一定关系。图 2-14 显示了校正前、FFT 方法校正后、Hough 方法校正后和 PS 策略校正后图像的水平投影，其中，为了能对各类图像中所有图像进行统计，把每页图像的投影序列按降序进行了排列，横坐标表示降序排列后投影序列中的序列号，纵坐标表示各类图像中所有图像的投影值之和。可见，PS 策略校正后图像较其他三类图像具有更大的投影峰值，其中的最大投影值在表 2-1 中有显示。

第二种量化方法是检测图像内的直线，计算在各方向上直线内黑色像素点的数量来进一步量化藏文古籍图像的校正效果，若位于水平方向直线内的黑色像素点越多，表明图像校正效果越好。本书采用了 Hough 变换对图像中直线进行检测，在不同方向上分别计算了拥有黑色像素点数最多的前十条直线内的黑色像素总数。该量化方法较第一种量化方法的优势在于能检测在不同方向上黑色像素点数量的差异，且能把同一方向上多条直线上黑色像素点进行合并考虑，这有利于从不同角度检测校正效果。图 2-15 显示了校正前、FFT 方法校正后、Hough 方

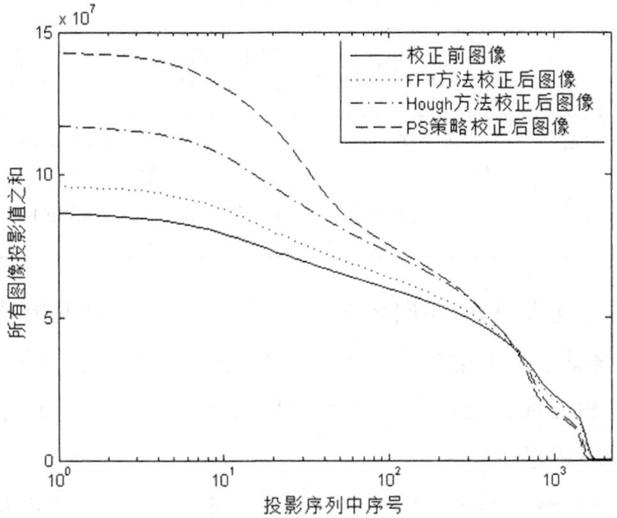

图 2-14　图像水平投影统计结果

法校正后和 PS 策略校正后的量化结果，其中，横坐标表示被检测直线与水平右向的夹角，正值表示倾角，负值表示俯角，纵坐标表示所有图像在相应方向直线内黑色像素总数，其中的最大值在表 2-1 中有显示，可见，PS 策略较其他三类图像在水平方向上的黑色像素最多。

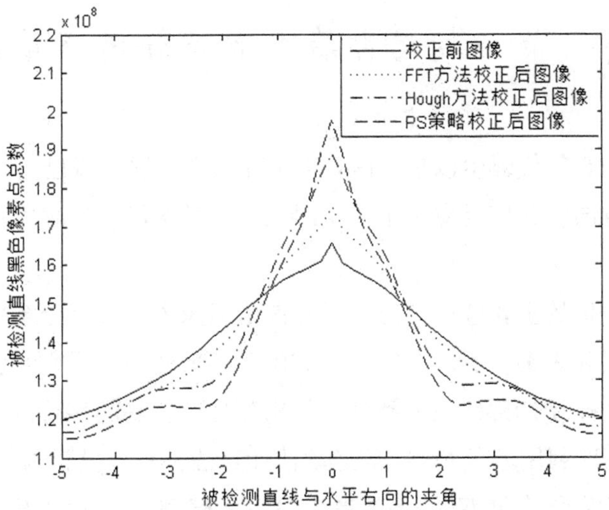

图 2-15　各方向直线上黑色像素统计结果

表 2-1　对图像校正质量的统计结果

统计项	校正前图像	FFT 方法 校正后图像	Hough 方法 校正后图像	PS 策略 校正后图像
水平投影最大值	8. 650E+7	9. 617E+7	1. 171E+8	1. 428E+8
被检测水平方向直线内 黑色像素点数	1. 656E+8	1. 750E+8	1. 888E+8	1. 976E+8

两种量化结果均表明 PS 策略较 FFT 方法、Hough 方法具有更好的效果。这是因为 PS 策略是基于上下边框线上的点进行分段并校正的，使得边框线被校正得更为有针对性和细致，更符合藏文字形具有水平“基线”和藏文木刻版具有水平边框线的理想状态。

FFT 方法、Hough 方法和 PS 策略在每页图像上平均校正时间分别为 24. 6、27. 0 和 8. 2 秒。这表明了 PS 策略虽然把图像进行分段处理，在分段过程中耗费了时间资源，但仍然较 FFT 方法、Hough 方法在时间复杂度方面具有优势。这是因为 FFT 方法和 Hough 方法分别需要计算 FFT 变换和 Hough 变换，且需要按照检测步长计算图像的倾斜角度，这大于 PS 策略分段过程所需的线性阶时间复杂度。

第三节　藏文古籍图像超分辨率重建

自 20 世纪 60 年代诞生以来，ISR 已取得长足发展，现已是计算机视觉技术中的重要研究方向，并广泛应用于人脸图像、医学图像、遥感图像、雷达图像等对象中。

文档图像 ISR 的主要应用价值是提升古籍图像中的文字分辨率，使古籍图像能更好地被观察和识别，所以文档图像 ISR 近年来受到了研究学者们的重视。在国外，Fan 等[46]基于局部约束一致性，找出相似度较高的字符区域自动配准并重建；Patanavijits[47]利用基于 M3SS 的运动估计算法，联合投影函数重建文档图像；Nasonov 等[48]将结合稳健双边全变差与 Huber 模型加入到代价函数中；Kumar 等[49]基于稀疏表示方法，经过训练模型得到较高质量的重建结果；Banerjee

等[50]指出在文本和背景灰度值之间有两个较明显的峰，即存在双峰分布，同时这种方法接受明显的边缘不连续性，并通过迭代求解非线性优化问题；Capel等[51]针对文档图像，提出全变差正则化估计算法。近些年，国内许多学者也对文档图像超分辨率重建技术进行了研究，如贲圣兰等[52]根据文字的笔画和结构方向提出了双边总变分超分辨率恢复方法；肖泉等[53]针对散焦引起的模糊低分辨率图像，将非局部模型作为先验限制条件，同时分析了图像整体与局部的统计特性，提出一种有效的重建方法；梁凤梅等[54]基于凸集投影图像复原算法结合文本图像的特征，改进了噪声模型从而得到较为清晰的高分辨率图像；李瑞明等[55]提出了新的基于学习的网络文本图像的超分辨率算法框架，但该框架存在着泛化程度低、复杂性高、需要大量的先验知识才能有效实现的问题。

虽然在文档图像上的ISR有较多的研究成果，但据笔者调研，尚没有对藏文古籍图像超分辨率重建的研究。为此，本节将进行藏文古籍图像超分辨率重建研究，整体的研究思路为：选择多种主流和常用的ISR方法，构建数据集，测试和对比这些方法在提升藏文古籍图像质量的性能，力图筛选出适宜的ISR方法，为提升藏文图像质量提供参考。

一、图像超分辨率重建方法选择

根据技术发展过程，ISR可以分为传统ISR和基于深度学习技术的ISR两大类。

传统ISR已有几十年的发展历史，主要有插值法、重建法、基于稀疏表示等方法。例如，在2004年，Chang等[56]受到流形学习算法的启发，提出了基于最近邻嵌入的超分辨算法。2010年，Yang等[57]提出了基于稀疏表示的单帧图像超分辨算法。2013年，Timofte等[58]提出了带锚点的近邻回归算法（Anchored Neighborhood Regression），以追求在不降低图像超分辨质量的前提下，极大地提高算法速度。Salvador等[59]提出了基于朴素贝叶斯的图像超分辨森林方法（Naive Bayes Super-Resolution Forest），该方法能够利用自然图像块的高低分辨率映射之间的正反不变性，为低分辨率空间提供更好的伸缩性。

基于深度学习技术的ISR是近几年随着深度学习技术的快速发展而出现的。由于深度学习技术依赖于数据驱动更易重建超分辨率所需的细节，故该类ISR较传统 ISR 显著提升了重建效果，已经是 ISR 的主流方法。基于深度学习技术的 ISR 主要有如下三类：

第一类是基于卷积神经网络（Convolutional Neural Network，简称 CNN）的 ISR。例如，Dong 等[60]在 2014 年提出了超分辨率卷积网络（Super-Resoution Convolutional Neural Network，简称 SRCNN），但其太依赖小图像区域的上下文信息、训练时收敛较慢、网络仅适用于单一采样尺度。针对这些缺点，同年 Dong 等[61]又提出了快速超分辨率重建卷积神经网络（Fast Super-Resolution Convolutional Neural Network，简称 FSRCNN），其在 SRCNN 基础上做了一些改进，SRCNN 的网络输入为将 LR 图像进行双三次插值放大后的高分辨率图像尺寸，会增加需提取的图像特征信息、网络参数和算法时间复杂度，而 FSRCNN 的网络输入不需要将 LR 图像放大，仅将 LR 图像作为输入，在网络的最后一层采用反卷积上采样层将图像放大为高分辨率图像尺寸，大大减少了计算量。再如，Kim 等[62]提出了超分辨率重建极深卷积神经网络（Very Deep Convolutional Networkfor Super-Resolution，简称 VDSR），其与 SRCNN 相比，增加了网络层数，可以提取更多特征，使重建后的图像细节更丰富，且随着层数的加深，感受野也随之变大，解决了 SRCNN 依赖小图像区域的上下文信息的问题。

第二类是融合 CNN 与 RNN 的 ISR。例如，Han 等[63]提出了基于双循环网络状态模型，其通过延迟反馈机制，在 LR 到 HR 和 HR 到 LR 两个方向之间交换循环信号，并将这两种状态预测的特征联合起来进行最终的预测，取得了不错效果。再如，Lim 等[64]通过循环使用同一个卷积层 16 次使网络深度扩展到 20 层，其相对于 SRCNN 来说，卷积核的感受野由 13×13 扩展到 41×41，能够学习到输入图像的更多细节特征，有效提升了图像重建质量。

第三类是基于 GAN 的 ISR。例如，文献[65]首次把 GAN 引入 ISR，生成器为基于 CNN 的 ISR，判别器为普通的二分类网络，其把输入图像加入随机噪声后送入模型训练，使得生成器的重建图像细节变多，但也生成了一些不真实的噪声。对此，文献[66]做了两方面的改进：改进了生成器的结构，提出一种有更高重建精度的生成器；通过预测真实图像比假图像更真实的概率，增强判别器的判别能力。再如，文献[67]把人脸图像的几何先验信息融入 GAN，首先构建粗的网络模型生成大致的 HR 图像，然后送入精细的网络模型，包含一个精细编码器、一个先验信息网络和一个精细解码器，之后便能得到更为精准的 HR 图像。基于 GAN 的 ISR 由于较前两类基于深度学习技术的 ISR 得到更加接近真实感知的重建图像，因此更加适用于一些对观感要求较高的任务。但是，由于更加注重像素分布特性，因而图像整体像素的微调对图像的真实感知不会有大的影响，而对于部分需要高精度像素信息的任务（如遥感图像超分辨用于军事目标识别打击），基于 GAN 的 ISR 就明显不适用了。同时，基于 GAN 的 ISR 由于要协调生成器和判别器进行训练，存在网络训练复杂、学习速率慢、对硬件具有较高的要求等问题，训练难度较大。

鉴于基于深度学习技术的 ISR 的表现，本节选取了 EDSR、WDSR、DBPN、RDN 和 RCAN 等五种主流方法用于藏文古籍图像超分辨率重建，并为了和传统 ISR 对比，也选取了较早提出的双三次插值算法（Bicubic Interpolation，简称 BI）。其中，EDSR（Enhanced Deep Residual Networks for Single Image Super-Resolution）方法[68]赢得了 2017 年 NTIRE 超分辨率重建比赛的冠军，其优势在于使用残差块来构建深度网络；WDSR 方法[69]获得了 2018 年的 NTIRE 超分辨率重建比赛第一名，其在修正线性单元激活函数之前通过增加通道宽度获取了更多的特征信息；DBPN（Deep Back-Projection Network for Super-Resolution）方法[70]使用迭代上采样和下采样的方法，将网络中提高图片分辨率的特征分散到网络中多个阶段，通过每个阶段中的上采样和下采样产生的误差都可以反向映射到网络的损失函数中，来优化网络的超分辨率性能；RDN（Residual Dense Network）[71]由浅层特征网络、残差稠密块（Residual Dense Block）、稠密特征连接和上采样网络组成，其充分利用网络中所有卷积层的层次特征；RCAN（Residual Channel Attention Networks）[72]为了让网络关注更多信息，利用了特征通道之间的依赖性，自适应调整通道注意力机制。

二、实验数据集构建和评价指标

（一）数据集构建

用于 ISR 的数据集包含低分辨率图像和高分辨率图像的若干数据对。其中，高分辨率图像来源于第二章第一节所述的藏文古籍图像资源，共选取了 25 套藏文古籍，包含了多种背景颜色、字体颜色和版式，以尽量满足在不同特点的图像上充分验证超分辨率重建算法性能的需求。数据集中高分辨率图像数量和筛选过程为从每套古籍图像中随机选取 50 张，共计 1250 张图像；由于有少部分图像的位深为 1，需要舍去，故选取其中位深为 24 的 1095 张图像作为高分辨率图像。

数据集中低分辨率图像是基于不同的倍数要求，对高分辨率图像进行下采样操作产生的。下采样操作是指以某一种函数关系有序地减少单位区域内的像素个数，以缩减图像尺寸。其中，下采样操作的倍数须是高分辨率图像长宽的公约数，以得到长宽为整数的低分辨率图像。下采样操作有线性插值、双线性插值、最近邻插值等多种方法，本实验选用其中在图像插值领域应用最为广泛的双线性插值法。本实验将高分辨率图像尺寸缩减至 1/2 和 1/4，分别作为图像超分辨率重建到 2 倍和 4 倍的低分辨率图像。

基于上述操作，构建了分别用于重建 2 倍和 4 倍图像的 2 个数据集，每个数据集有 1095 对高、低分辨率图像，其中约 80%为训练集（880 对），约 10%为验证集（110 对），约 10%为验证集（105 对）。数据集中图像样例如图 2-16 和图2-17所示。

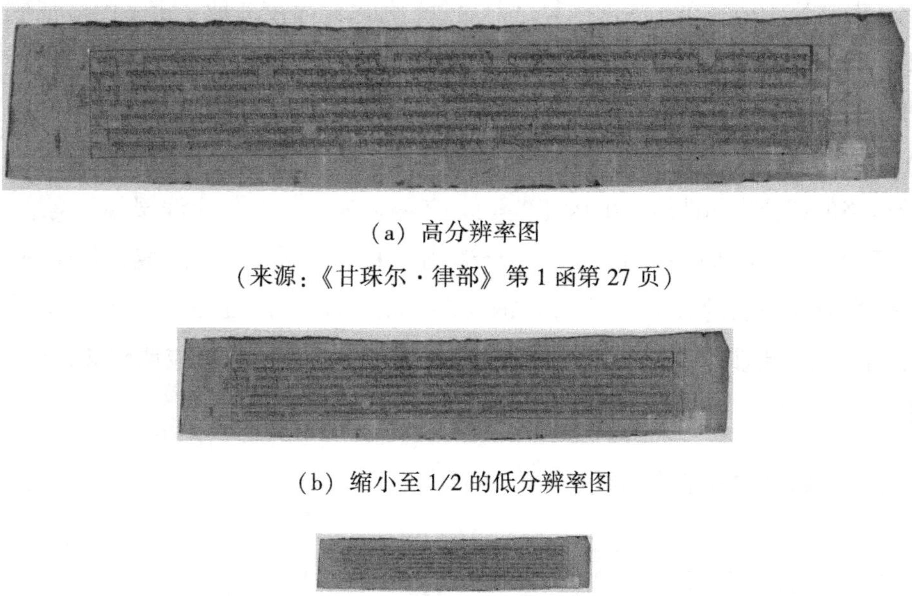

（a）高分辨率图

（来源：《甘珠尔·律部》第 1 函第 27 页）

（b）缩小至 1/2 的低分辨率图

（c）缩小至 1/4 的低分辨率图

图 2-16　数据集展示一

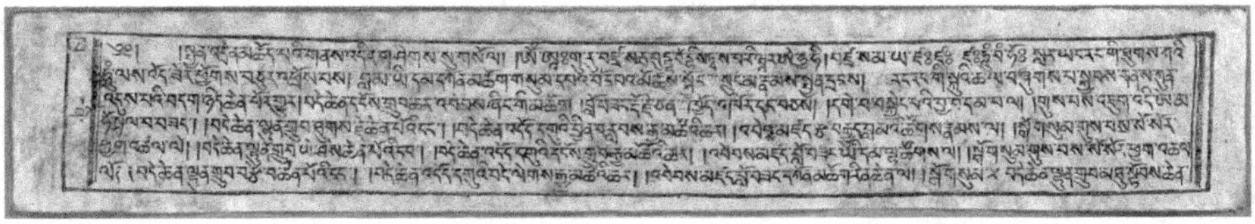

（a）高分辨率图

（来源：《桑杰益西文集》第 1 函第 21 页）

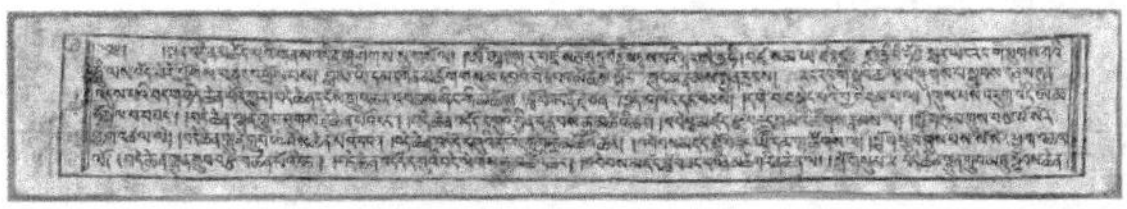

（b）缩小至 1/2 的低分辨图

（c）缩小至 1/4 的低分辨图

图 2-17　数据集展示二

（二）评价指标

实验采用峰值信噪比（Peak Signal to Noise Ratio，简称 PSNR）和结构相似度（Structural SIMilarity，简称 SSIM）两个评价指标。

PSNR 通过计算两幅图像对应像素点之间的误差来评判图像之间的相似性，进而评价 ISR 算法的性能。PSNR 的计算式如下：

$$PSNR = 10\log_{10}\frac{255^2}{MSE} \tag{2-21}$$

$$MSE = \frac{\sum_{i=1}^{M}\sum_{j=1}^{N}\left[f(i,j) - f'(i,j)\right]^2}{M \cdot N} \tag{2-22}$$

其中，M、N 分别表示图像的行数和列数，$f(i, j)$ 和 $f'(i, j)$ 分别表示真实高分辨率图像和重建图像在同一位置处的像素值。通常 PSNR 的值越大则表示重建算法的性能越好。

SSIM 利用图像像素之间存在的相关性来评价 ISR 算法的性能，其中的相关性主要包括亮度、对比度、结构等。SSIM 的计算式如下：

$$SSIM=\frac{(2u_x \cdot u_y+c_1) \cdot (2\sigma_{x,y}+c_2)}{(u_x^2+u_y^2+c_1) \cdot (\sigma_x^2+\sigma_y^2+c_2)} \quad (2-23)$$

其中，u_x 和 u_y 分别表示真实高分辨率图像和重建图像的均值，σ_x^2 和 σ_y^2 分别代表真实高分辨率图像和重建图像的方差，$\sigma_{x,y}$ 为真实高分辨率图像和重建图像的协方差。$c_1=(k_1 \cdot l)^2$ 和 $c_2=(k_2 \cdot l)^2$ 是用于平衡分母较小的比值，其中 l 为像素灰度的动态范围，k_1 和 k_2 为较小的常数。SSIM 的取值范围为（0，1），其值越大，说明重建算法的性能越好。

（三）实验结果与分析

为保证公平性，所有网络模型的训练参数设置相同，选取大小为 96×96 的 8 个低分辨率像素块作为网络模型的输入值，批次大小设置为 8，轮数（epoch）设置为 50，采用 ADAM 优化器，初始学习率设置为 1e-4。实验硬件环境为 Intel Xeon Gold 6130 处理器、Tesla SMX2 P100 16GB 显卡、96GB 运行内存，软件环境为 Ubuntu 20.04 操作系统、Python 3.8、PyTorch 1.9.0、torchvision 0.10.0、CUDA 11.1。

表 2-2 和表 2-3 分别为藏文古籍图像超分辨率重建的 PSNR 和 SSIM 测试结果，其中最优结果被加粗显示。可知，基于深度学习技术的方法均超过了传统算法，其中 RCAN 算法最优。

表 2-2　藏文古籍图像超分辨率重建的 PSNR（单位：dB）

倍数	BI	EDSR	WDSR	DBPN	RDN	RCAN
2	29.88	35.68	35.57	35.09	35.48	**35.80**
4	23.39	27.98	27.88	26.45	27.83	**28.46**

表 2-3　藏文古籍图像超分辨率重建的 SSIM

倍数	BI	EDSR	WDSR	DBPN	RDN	RCAN
2	0.9082	0.9592	0.9601	0.9562	0.9557	**0.9647**
4	0.6917	0.8509	0.8435	0.8293	0.8480	**0.8587**

图 2-18、图 2-19 分别是在重建 2 和 4 倍图像时基于深度学习技术的 PSNR 和训练轮数的关系图。可知，RCAN 模型均表现最优。

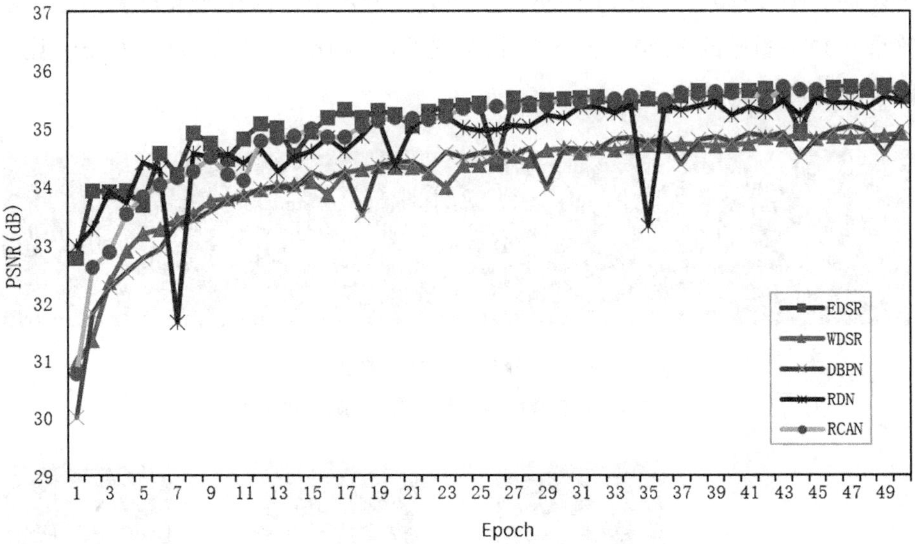

图 2-18　重建 2 倍图像时 PSNR 的收敛曲线

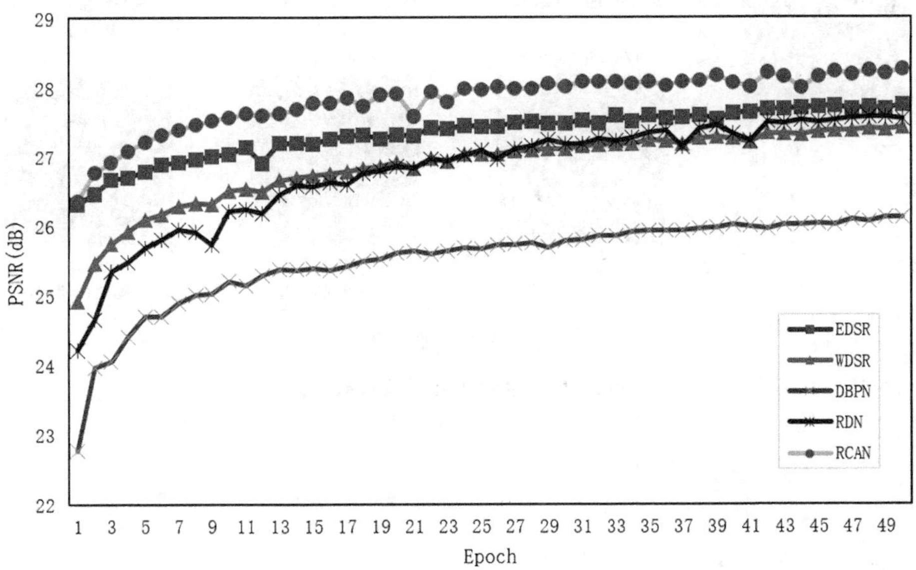

图 2-19　重建 4 倍图像时 PSNR 的收敛曲线

为直观地显示出各种算法在超分辨重建中的效果，本节从测试集中随机抽取了 2 和 4 倍放大的图像。藏文古籍图像超分辨重构的关键是图像的总体清晰度和文字识别。图 2-20、图 2-21 显示了不同的超分辨率方法在藏文古籍图像中的重建效果，并将图像的 PSNR 与 SSIM 指标进行了对比，其中，为了方便对比，只截取了局部图。

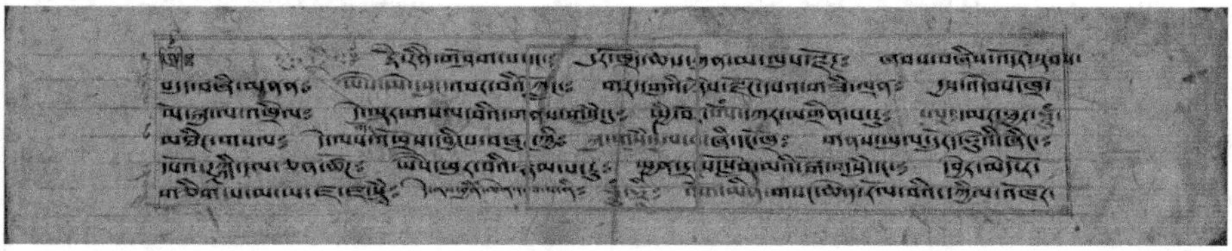

（a）高分辨率真实图像全图

（来源：《根桑德琼旺姆》第 1 函第 43 页）

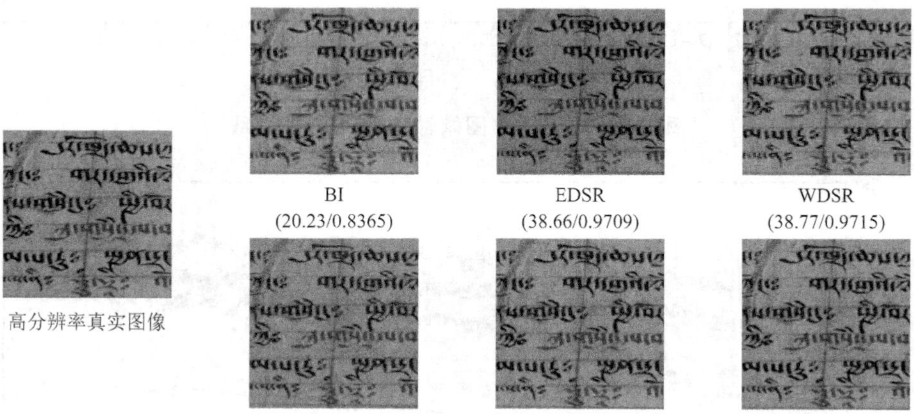

高分辨率真实图像

BI (20.23/0.8365)　EDSR (38.66/0.9709)　WDSR (38.77/0.9715)

DBPN (38.56/0.9702)　RDN (38.69/0.9712)　RCAN (38.82/0.9728)

（b）重建后局部图

图 2-20　重建 2 倍图像效果对比

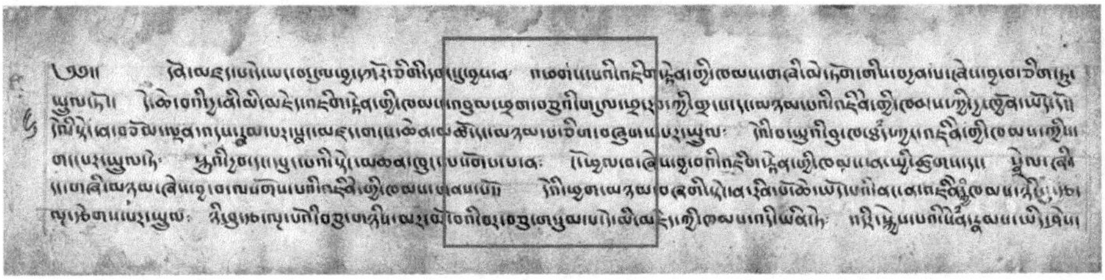

（a）原图高分辨率真实图像全图

（来源：《柱间史》第 11 页）

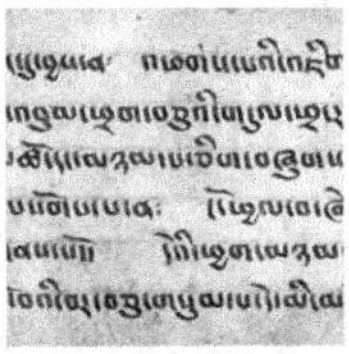

高分辨率真实图像

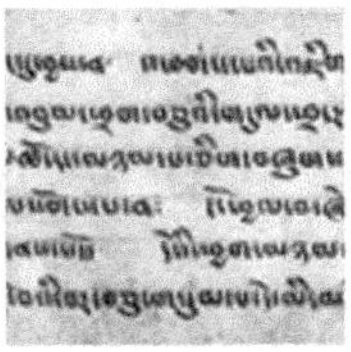

BI
(22.61/0.7366)

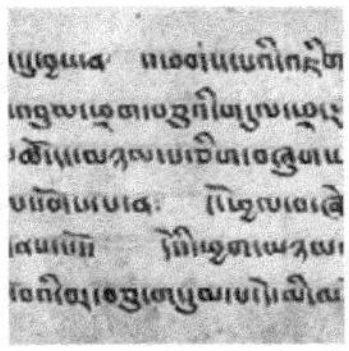

EDSR
(29.14/0.8618)

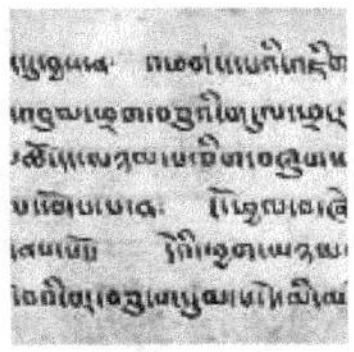

WDSR
(27.95/0.8487)

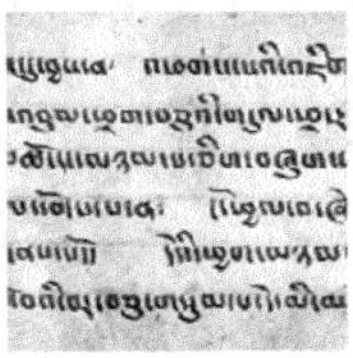

DBPN
(27.95/0.8487)

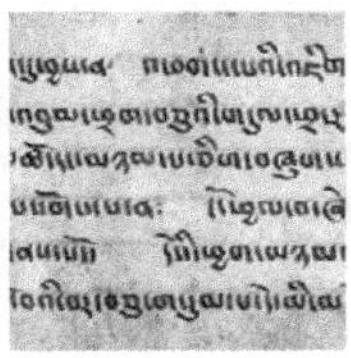

RDN
(28.89/0.8588)

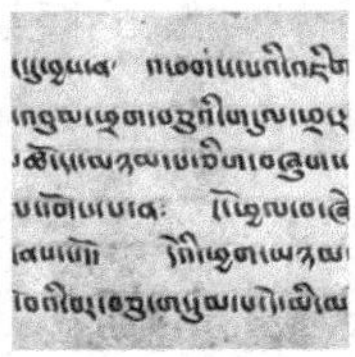

RCAN
(29.41/0.8658)

（b）重建后局部图

图 2-21　重建 4 倍图像效果对比

第三章　藏文古籍元数据资源搜集与处理

第一节　藏文古籍元数据资源搜集

本书所需藏文古籍元数据资源来源于西南民族大学中华民族古籍文献研究中心，这些元数据从文集、主题、出版、人物、地点等多角度用XML（Extensible Markup Language，可扩展标记语言）格式的文件对文献进行了描述。其中，从文集角度描述文献的元数据有文集标识、文集题名、主题标识、出版标识、人物标识、函（册）数、文集的发布状态、著录状态等信息。从主题角度描述文献的元数据有主题标识、主题名称、著录、标注等信息。从出版角度描述文献的元数据有出版标识、出版者名称、出版日期、出版地点、作者身份、标注等信息。从人物角度描述文献的元数据有人物标识、人物姓名、人物位置、人物关系、著录、标注等信息。从地点角度描述文献的元数据有地点标识、地点名称、地理位置、著录、标注等信息。

为了对不同类型的资源进行描述，不同专业领域的信息组织和机构根据各自所需数据的特点和应用需求，研究并制定了适用于各专业领域的元数据标准[73]。国外关于元数据的研究工作起步较早，发布的元数据标准整体上通用性好，也较为成熟。早期，国内元数据研究大多参考、借鉴了国外的元数据标准，并在此基础上进行修订和扩充，近年来，也不断制定出了适用于我国出版物的元数据标准。目前，较为常用的元数据标准如表3-1所示。

表 3–1　常用的元数据标准

全称	发布机构	概述
都柏林核心元数据	联机计算机图书馆中心和美国国家超级计算应用中心联合发布	用于描述网络资源的通用型元数据标准，包括题名、创作者、主题等 15 个核心元素的集合[74]
机读编目格式	美国国会图书馆	多为图书馆描述和存储电子文献资源，描述信息全面，结构复杂
政府信息定位服务	美国联邦政府	方便公众获取联邦政府信息资源
编码档案著录	美国国会图书馆	用于档案类型资源
中国机读目录格式	中国国家图书馆	多用于图书馆对书籍、刊物、地图、乐谱等文献资源进行著录
古籍元数据标准	中国国家图书馆和北京大学图书馆联合发布	描述我国古籍资源的内容和特征，由 15 个核心元素和 6 个古籍文献系列核心元素组成[75]
藏文古籍著录规则	中国民族图书馆	结合藏文古籍特有修饰词，描述藏文古籍资源内容和外观特征

但是，上述所搜集的藏文古籍元数据并没有按照统一的元数据标准来展开实体资源的描述以及实现数字资源的统一集成管理，具体表现为：

（1）原元数据全为半结构化数据，不同类型元数据之间的数据结构差异比较大。因此，需要综合考虑已有数据的特征以及它在具体业务场景中的实用性，重新设计数据的表现形式，定义各类元数据格式。

（2）即使是同一类型的元数据，也存在大量元素不统一，甚至带自描述性质的标签结构也不同的现象。因此，需要对这部分数据进行标准化处理。

（3）数字图像和存储在 XML 文档中的元数据相互独立。因此，需要在元数据中对数字图像的资源地址、资源格式等描述信息进行补充，将同一函（册）古籍载体的数字图像资源关联起来，构成完整的藏文古籍数字实体。

综上，本章余下部分将在分析现有的国内外元数据标准的基础上，结合藏文古籍原元数据和藏文古籍的特点，探讨藏文古籍元数据方案，为具有通用性和可扩展性的藏文古籍元数据设计与实现提供参考。

第二节 藏文古籍元数据方案设计

在元数据方案设计的过程中，笔者参考了都柏林核心元数据标准的通用性元素，并借鉴中国国家图书馆和北京大学图书馆联合发布的《古籍元数据标准》的元数据结构和实践经验，探讨可扩展的藏文古籍元数据方案。该方案遵循简单性与准确性相结合的原则，在确保元数据对藏文古籍资源具有较好描述能力的前提下，元数据元素的设置较为简洁，易于掌握。可扩展的藏文古籍元数据方案共有六种基本的元数据，包括文献综合元数据、人物元数据、出版信息元数据、地点元数据、主题元数据、文献分类元数据。下面描述各元数据详细方案。

一、文献综合元数据

文献综合元数据以文献为描述对象，并综合了其他元数据信息。其中的元素是用于描述文献的基本属性和外观特征的数据，主要包括题名、人物、出版信息、主题、图像资源等。元素修饰词是对元素的进一步注解，以其中的题名元素为例，其有书目标题、封面标题、章节标题、其他标题等类别上的元素修饰词。文献综合元数据中部分元素和元素修饰词，即题名概述、题名详述、人物概述、出版信息概述、主题概述、摘要和其他信息，采用多语言表现形式，这里的多语言包含但不限于中文、藏文、英文、藏文威利转写。文献综合元数据的详细描述如表 3-2 所示，其中，为了节省篇幅，只在“题名概述”（summary）元素修饰词中列举了多语言，而在其他需要多语言表现形式的元素和元素修饰词中用了“多语言”（lang）来标识其采用多语言，全书同此。

表 3-2 文献综合元数据

<table>
<tr><th>元素（标识）</th><th colspan="2">元素修饰词（标识）</th><th>说明</th></tr>
<tr><td>标识符（ID）</td><td colspan="2"></td><td>文献元数据唯一标识</td></tr>
<tr><td rowspan="7">题名（title）</td><td rowspan="5">题名概述（summary）</td><td>中文（Chinese）</td><td rowspan="5">支持多语言</td></tr>
<tr><td>藏文（Tibetan）</td></tr>
<tr><td>英文（English）</td></tr>
<tr><td>藏文威利转写（Wylie）</td></tr>
<tr><td>……</td></tr>
<tr><td rowspan="2">题名详述（title）</td><td>类别（type）</td><td>包含文献标题、章节标题、其他标题等类别</td></tr>
<tr><td>多语言（lang）</td><td>支持多语言</td></tr>
<tr><td rowspan="3">人物（person）</td><td>人物概述（summary）</td><td>多语言（lang）</td><td>支持多语言</td></tr>
<tr><td rowspan="2">人物详述（person）</td><td>人物角色（type）</td><td>包含主作者、共同作者、评论者等角色</td></tr>
<tr><td>人物标识（ID）</td><td>指向人物元数据中的人物标识</td></tr>
<tr><td rowspan="2">出版信息（publication）</td><td>出版信息概述（summary）</td><td>多语言（lang）</td><td>支持多语言</td></tr>
<tr><td>出版信息详述（publication）</td><td>出版信息标识（ID）</td><td>指向出版信息元数据中的出版者标识</td></tr>
<tr><td rowspan="4">图像（image）</td><td colspan="3">资源地址（imageDir）</td></tr>
<tr><td colspan="3">图像数量（imageNum）</td></tr>
<tr><td colspan="2">文献封面（coverImage）</td><td>文献封面图像的地址</td></tr>
<tr><td colspan="2">资源格式（hasPDF）</td><td>是否有 PDF 格式</td></tr>
<tr><td rowspan="3">主题（topic）</td><td>主题概述（summary）</td><td>多语言（lang）</td><td>支持多语言</td></tr>
<tr><td rowspan="2">主题详述（topic）</td><td>类型（type）</td><td></td></tr>
<tr><td>主题标识（ID）</td><td>指向主题元数据中主题标识</td></tr>
<tr><td>函（册）数（volumeNum）</td><td colspan="2"></td><td></td></tr>
</table>

续表

元素（标识）	元素修饰词（标识）	说明
摘要（abstract）	多语言（lang）	支持多语言
其他信息（otherInfo）	多语言（lang）	支持多语言
状态（status）		标识是否发布

二、人物元数据

人物元数据以文献涉及的人物为描述对象，基本元素包括人物的性别、姓名、作品、主要社会关系等，详细描述如表 3-3 所示。

表 3-3　人物元数据

元素（标识）	元素修饰词（标识）	说明
人物标识（ID）		人物唯一标识
性别（gender）		
称谓（name）	类别（type）	包括中文名称、姓、笔名、个人名字、其他名字等类别
	多语言（lang）	支持多语言
生卒年月（event）	出生时间（brith）	
	逝世时间（death）	
出生地（seat）	地点标识（ID）	指向地点元数据中地点标识
老师（studentOf）	人物标识（ID）	指向人物元数据中人物标识，是自引用
学生（teacherOf）	人物标识（ID）	指向人物元数据中人物标识，是自引用
亲属（kindShip）	类别（Type）	包括团体、宗族、兄弟、配偶、女儿、父亲、丈夫、化身、舅舅、母亲、侄子、外甥、外甥女、侄女、兄长、姐妹、儿子、叔伯、妻子、幼弟、祖父、叔伯、姨妈、姑姑、孙女、孙子、妹妹、表兄弟姐妹、祖母等类别
	人物标识（ID）	指向人物元数据中人物标识，是自引用

续表

元素（标识）	元素修饰词（标识）	说明
出处（referenceInfo）	文献标识（ID）	指向文献综合元数据中文献标识
	文献中页码范围（location）	
	文献中内容（content）	
其他信息（otherInfo）	多语言（lang）	支持多语言

三、出版信息元数据

出版信息元数据是对文献出版情况的进一步说明，基本元素包括出版社名称、出版地、出版时间、印刷类型等，详细描述如表 3-4 所示。

表 3-4　出版信息元数据

元素（标识）	元素修饰词（标识）	说明
出版者标识（ID）		出版者唯一标识
出版者名称（name）	多语言（lang）	支持多语言
出版地（sourcePlace）	多语言（lang）	支持多语言
出版日期（publisherDate）		
版印类型（printType）		包含木刻版、手写版、计算机输入等类型
其他信息（otherInfo）		

四、地点元数据

地点元数据对文献载体涉及的地理信息进行描述，基本元素包括地名、经纬度等，详细描述如表 3-5 所示。

表 3-5　地点元数据

元素（标识）	元素修饰词（标识）	说明
地点标识（ID）		地点唯一标识

续表

元素（标识）	元素修饰词（标识）	说明
地名（name）	多语言（lang）	支持多语言
经纬度（event）	纬度（lat）	
	经度（long）	
所在地（locatedIn）		
包含地点（contains）		
其他信息（otherInfo）		

五、主题元数据

主题元数据是对文献内容的概要总结，详细描述如表 3-6 所示。

表 3-6　主题元数据

元素（标识）	元素修饰词（标识）	
主题标识（ID）		主题唯一标识
主题名（name）	多语言（lang）	支持多语言
其他信息（otherInfo）		

六、文献分类元数据

现有的藏文古籍文献资源涵盖佛教教义、文集、医药、传记等多方面题材，其按不同题材进行分类，构成藏文文献的基本分类结构。文献分类元数据基本元素包括类名、该类包含的文献资源等，详细描述如表 3-7 所示。

表 3-7　文献分类元数据

元素（标识）	元素修饰词（标识）	说明
分类标识（ID）		分类唯一标识
类名（name）	多语言（lang）	支持多语言

续表

元素（标识）	元素修饰词（标识）	说明
上级分类标识（upperID）		指向文献分类元数据中的分类标识，是自引用
文献（worksID）		指向文献综合元数据中的文献标识
其他信息（otherInfo）		

第三节　藏文古籍元数据方案在 MongoDB 数据库中的实现

从元数据方案和所搜集的元数据中可以看出，文献元数据的数据结构并不固定且有层次，因此本书并未选择传统的关系型数据库，而选择了 MongoDB 数据库，其是一种文档型数据库，采用 BSON（Binary JSON）格式储存数据。下面介绍 MongoDB 数据库中的数据集合设计。

与上述方案中的六种元数据对应，本书在 MongoDB 数据库中设计了文献综合数据集合（works 集合）、人物数据集合（person 集合）、出版信息数据集合（publication 集合）、地点数据集合（place 集合）、主题数据集合（topic 集合）和文献分类数据集合（catalog 集合）等六个数据集合，如附录 A 所示。

其中，为了将搜集到的各种来源下的元数据均入库和满足未来数据扩展需求，在文献综合数据集合中增加了题目、人物、主题、出版信息的数据来源信息，以及所有这些来源信息的概述（summary）字段。在数据集合中，增加了表示数据更新和创建时间的“updatedAt”和“createdAt”字段。

由于 MongoDB 数据库中数据是 BSON 存储格式，为了更清晰地表现集合的数据结构，附录 A 中各表格采用了如“X:”的符号，其中“X”表示键（Key）；在“数据类型”中标注了“X”所对应的值（Value）的数据类型；用成对出现的“{”和“}”表示其内部是如“X:”的数据，即内部是一些键值（Key-Value）对数据；用成对出现的“[”和“]”表示其内部是 Array 类型的数据；

用“//”表示字段含义。描述数据来源信息的字段为“XSource1”，其中的“X”可为“title”“person”“topic”和“publication”，“1”表示当前是第1个数据来源，下面为了节省空间和避免冗余而没有描述第2、3……个数据来源。由于多个字段涉及多语言，为了表述更为简练，用“{lang}”一个字段表示“Chinese”“Tibetan”“English”“Wylie”等描述多语言的多个并列字段。

在上述数据集合中的“{lang}”字段中，可以有“Chinese”“Tibetan”“English”“Wylie”等描述多语言的多个并列字段，其中的数据内容涉及语言翻译，例如，如果其中只有“Wylie”字段中的内容，那就需要对其进行翻译以填充“Chinese”“Tibetan”“English”等字段中的内容。由于人工翻译的工作量巨大，所以运用机器翻译技术实现上述翻译的自动化是有重要价值的。

第四节　藏文古籍元数据方案在MongoDB数据库中的优化

在查询数据库时，多集合联合查询较为频繁，且较单集合查询费时，其查询时间与联合查询的集合数量成指数增加。为了加快多集合联合查询的速度，本书把一些基础集合的信息进行了集成，设计了文献综合数据冗余集合（worksR）、文献概要数据冗余集合（worksR2）、文献分类数据冗余集合（catalogR）、分类概要数据冗余集合（catalogR2）等四个冗余集合（为了方便区分，上一节所设计的works、person、publication、place、topic、catalog等六个集合称为基本集合）。之所以称为“冗余”，是指在这些集合中的信息因来源于基础集合而是冗余的。冗余集合的出现有悖于数据一致性，即对数据的增、删、改操作可能会导致冗余集合中的数据与基础集合中的数据不一致。为此，需要在上层应用系统设计恰当的数据访问策略来保证数据的一致性，例如：只允许对冗余集合进行查询操作，而不允许直接对其作增、删、改操作；且在对基础集合进行增、删、改时，同时对冗余集合进行更新。

这四个冗余集合设计见本书附录B。其中，worksR旨在方便用户快速访问文献全貌，其在works集合的基础上，直接填充了works集合中所指向的person集合、publication 集合、place 集合和 topic 集合里的部分信息，涉及文献 ID、标题、人物、出版日期、版印类型、资源所在地点等信息，用户可据此通过检索关键词直接查询文献；worksR2 较 works 集合和 worksR 集合更为综合和简练，且几乎完全脱离底层数据，帮助用户快速查询和知晓文献的关键信息；catalogR 是从 catalog 基本集合生成的分类层级数据，旨在快速知晓分类层级关系；catalogR2 统计指定分类的概要信息，包含了类名、该类总的文献数量以及所包含文献的详情介绍等信息，帮助用户快速知晓各分类的概况。

第二篇　藏文古籍图像全文检索

藏文古籍图像全文检索是指在未字符化的藏文古籍数字图像中，检索图像中的文字内容。由于是在图像中而非在文本中，且藏文古籍存在字迹褪色、背景污损、版面残缺、字符黏连和遮挡、字体多变等情况，因此藏文古籍图像全文检索是一个具有挑战性的问题。该问题的解决将有助于实现在大量藏文古籍图像中检索到感兴趣的内容，进而促进藏文古籍数字化的深入发展，提高藏文古籍的利用率。

传统的图像全文检索技术为，利用光学字符识别（Optical Character Recognition，简称 OCR）技术，先对文档图像文字进行识别，转换成编码字符文档，再利用传统的信息检索技术对字符文档进行索引和检索，通过文档图像与字符文档的对应关系实现全文检索。然而，国内外对藏文字符识别虽然已经取得一些成果，但通常处理的是当代印刷体藏文字符，而藏文古籍多以木刻版和手写版保存，因识别难度特别大，现有的国内外相关产品和资料都没有很好的解决方法[23]—[44]。因此，在藏文古籍中实现图像全文检索是一个亟需解决的问题。

对此，本篇研究思路为，引入并应用计算机视觉技术中新兴的基于深度学习技术的目标检测算法，把藏文古籍图像全文检索难题转化为藏文古籍字丁目标检测问题。如图 Ⅱ－1 所示，研究分为“数据集建设”和“算法模型研究”两部分。

其中，数据集建设是指基于第二章第一节所述的藏文古籍图像数据，构建与每张图像对应的、标注藏文字丁类别和位置的数据，其被用于训练、测试算法模型，是算法模型研究的数据基础。本书共有两种数据集：第一种是半自动标注数据集，其较人工标注数据集，增加了软件自动处理手段，无需在图像上逐条输入藏文字丁位置框和字丁类别，提高了标注效率和降低了对标注者的藏文要求；第二种是基于字体文件通过程序自动生成的数据集，较第一种数据集，数据量可无限制增扩，以满足训练算法模型的数据量需求，但较真实古籍图像，在字形、字迹褪色、背景污损、字符黏连和遮挡等方面缺乏真实性，因此，面临图像空间上的跨域问题。在算法模型研究中，首先把现有的目标检测模型针对藏文古籍图像的特点做适应性调整，用上述第二种数据集训练之，然后用第一种数据集测试之，并应用之计算待检测藏文古籍图像得到其字丁目标检测数据。

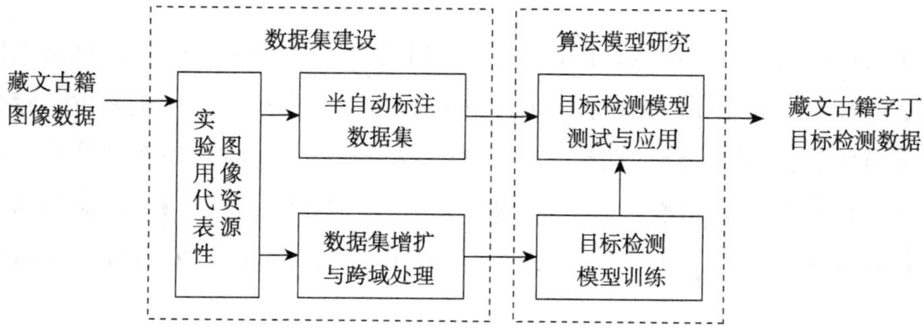

图Ⅱ-1　藏文古籍图像全文检索思路

在内容结构上，本篇包括如下四章。

第四章，藏文古籍字丁数据集构建：介绍上述半自动标注数据集的构建方法，该数据集用于训练目标检测模型。

第五章，藏文古籍字丁数据集增扩：介绍上述基于字体文件通过程序自动生成藏文古籍字丁数据集的构建方法，该数据集用于测试目标检测模型。

第六章，藏文古籍字丁目标检测：以具体的深度学习网络模型为例验证藏文古籍字丁目标检测的有效性。

第七章，藏文古籍图像全文检索应用及优化示例：以具体的应用和优化示例，展示藏文古籍图像全文检索效果以及一些对技术可改进之处的思考。

第四章　藏文古籍字丁数据集构建

藏文古籍字丁数据集是后续算法研究和实验开展等相关工作的数据基础。本章将基于研究需求和数据集的标注规范，通过分析藏文古籍字丁数据集不同于自然图像数据集的一些特点，采用一种半自动标注方法构建藏文古籍字丁数据集。

第一节　藏文古籍字丁数据集的特点

藏文字是一种以辅音字母为主要部件组成的拼音文字，左右拼写，上下叠加，每一个音节包含基字和可能跟随的前加字、上加字、元音符号、后加字、再后加字。这样的构字方式非常独特，既不同于西文，也有别于汉字，而是横竖两向拼写[76]。

藏文字的组成单位有藏文字母、藏文字丁以及藏文音节。其中，藏文字丁分为单字母字丁和多字母字丁，多个藏文字母纵向排列组成多字母字丁，藏文字丁横向排列组成藏文音节。在藏文字中，字母有 34 个，字丁有上千个，而音节的数量则接近汉字的数量。目前，根据统计，藏文古籍中常用字丁有 800 多个。在对现有的藏文字体研究比对中发现，藏文字母在不同字体下形态差异较大，而部分不同字母间形态差异较小，选取藏文字母作为目标检测对象的效果不够理想。藏文字丁作为藏文字中辨识度较高且整体数量较少的组成单位，更适合于作为目标检测对象。

藏文古籍字丁数据集是以藏文古籍字丁为目标检测对象的数据集，其中包含若干藏文古籍图像数据，以及与每张图像对应的、标注藏文字丁类别和位置的数据。构建藏文古籍字丁数据集可采用构建其他目标检测数据集时常用的 LabelImg 软件，其具体流程为：运行 LabelImg 软件，打开需要进行标注的藏文古籍图像，在该图像中每个人为可识别的藏文字丁周围拖曳鼠标画出刚好圈住该字丁的目标框，对其标注对应的字丁类别名，在对该图像中所有字丁都标注完成后，将该图像标注信息以 XML 格式保存，循环上述过程直至全部图像标注完成。

区别于常见的自然图像数据集，藏文古籍字丁数据集以藏文字丁为类别进行标注，而藏文字丁相较于汉字和英文更加小众。这不仅导致人工标注方式构建藏文古籍字丁数据集有着自然图像数据集标注普遍存在的耗时问题，而且使得人工标注的门槛提升为所有标注者需掌握藏文输入技能。此外，藏文古籍图像由于字丁密集，且存在字迹褪色、背景污损、版面残缺、字符黏连和遮挡、字体多变等干扰因素，这无疑在一定程度上进一步加大了藏文古籍字丁数据集的构建难度。对此，下面将提出一种半自动标注方式来构建藏文古籍字丁数据集。

第二节　藏文古籍字丁半自动标注方法

藏文古籍字丁半自动标注方法的核心思想是将数据集的标注过程分为人工标注、文件整合两个阶段。在人工标注阶段，区别于传统标注方式中的标注者在 LabelImg 软件中先画目标框、再输入目标类别名，半自动标注方式将画目标框和输入目标类别名作为两个并行的工作完全分开进行：画目标框的工作可由一部分不懂藏文的标注者来完成，目标类别名可设置为一个默认值，最后生成一系列 XML 格式的标注文件，这些文件除了目标类别名为默认值之外，目标框的位置信息完整；输入目标类别名的工作由掌握藏文输入技能的人完成，其只需将藏文古籍图像中的文本信息，即藏文字丁，按从左到右、从上到下的顺序输入并生成一系列对应的文本文件，这些文本文件中的藏文字丁即是上述一系列 XML 文件中的目标类别名。在文件整合阶段，通过程序将这些 XML 文件与文本文件进行整合，生成一系列既有目标框位置，又有目标类别名的 XML 格式的标注文件。

该藏文古籍字丁半自动标注的思想既减少了人工标注时因每画一个目标框均需要输入一个对应的目标类别名而导致的衔接耗时，也降低了构建藏文古籍字丁数据集的门槛，即从需全体标注者都具备藏文输入技能降低到仅需输入目标类别名的标注者具备藏文输入技能。

由于藏文古籍图像中需标注的目标数量较多，并且 LabelImg 软件存储目标标注信息的顺序只和标注者画目标框的时间先后相关，所以画目标框的过程中出现的乱序会导致 XML 文件中目标框信息的乱序，进而影响半自动标注中的文件整合阶段，从而使得最终生成的完整版 XML 文件中的目标类别名与目标框无法一一对应。

为了解决上述乱序问题，下面提出一种藏文古籍字丁半自动标注排序方法，其伪代码如图 4-1 所示，核心思想为：首先从上述人工标注阶段生成的目标类别名为默认值的 XML 格式文件中读取目标框位置数据，然后根据目标框中心点纵坐标对目标框进行行分组和行间排序，再根据目标框中心点横坐标对目标框进行行内排序，最后输出排序好的目标框信息。

```
藏文古籍字丁半自动标注排序方法
输入:  xml，目标类别名为默认值的XML格式文件
       a，调节因子
输出:  sort_box，排序好的目标框信息
Box_xy, box_corexy ← xml中的目标框坐标,目标框的中心点坐标
Objects ← [box_corexy, Box_xy]
datagp_result, row_one, row_end ←[ ]
while len(Objects)大于0 do
    y1, y2, meanH_box ← min(Objects[:][0][1]), max(Objects[:][0][1]),目标框的平均高度
    for i = 0 → len(Objects) do
        if Objects[i][0][1] ∈ [y1 − meanH_box ∗ a, y1 + meanH_box ∗ a] then
            将Objects[i]添加到row_one列表后置为空
        else if Objects[i][0][1] ∈ [y2 − meanH_box ∗ a, y2 + meanH_box ∗ a] then
            将Objects[i]添加到row_end列表后置为空
    Objects ←删掉空列表元素后的列表
    将row_one和row_end列表先后添加到datagp_result列表中
num_row, temp ← len(datagp_result), datagp_result[:]
if num_row为偶数 then
    for r = 0 → num_row/2 do
        datagp_result[r] ← temp[2 ∗ r]元素按中心点横坐标排序
        datagp_result[num_row − r − 1] ← temp[2 ∗ r + 1]元素按中心点横坐标排序
else
    for r = 0 → (num_row − 1)/2 do
        datagp_result[r] ← temp[2 ∗ r]元素按中心点横坐标排序
        datagp_result[num_row − r − 1] ← temp[2 ∗ r + 1]元素按中心点横坐标排序
    datagp_result[(num_row − 1)/2] ← temp[num_row − 1]元素按中心点横坐标排序
sort_box ←排序好的datagp_result列表中目标框坐标信息
return sort_box
```

图 4-1 藏文古籍字丁半自动标注排序方法

藏文古籍图像由于多为木刻版或手写版，没有当代印刷版规范和标准，所以大多存在一定程度的图像几何形变，这使得图像各文本行中的行首字丁和行尾字丁在竖直方向上可能存在较大距离，甚至出现第一行行尾和第二行行首处于同一水平线的情况，如图 4-2 中线条所示，藏文古籍图像第一行行尾字丁中心点纵坐标与第二行行首字丁中心点纵坐标相近。然而，上述藏文古籍字丁半自动标注排序方法根据各字丁框中心点纵坐标的差异对字丁分行，再进行后续的行间排序。因此，这种方法无法适用于几何形变较大的藏文古籍图像。

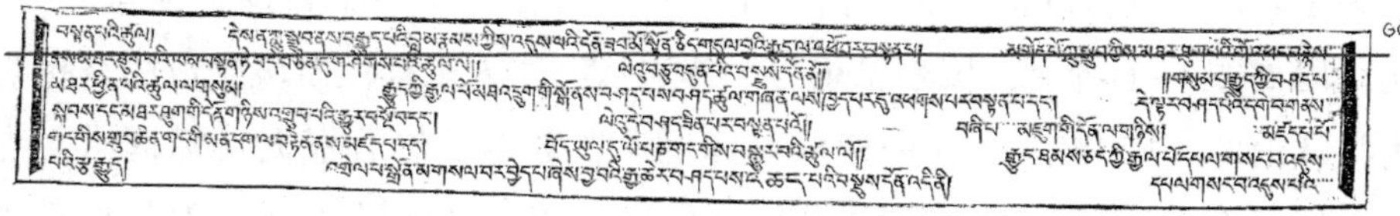

图 4-2　藏文古籍图像第一行行尾字丁中心点纵坐标与第二行行首字丁中心点纵坐标相近

（被处理图像来源：《宗喀巴文集》第 5 函第 60 页）

半自动标注纠正之分割子程序

输入: *Objects*，待分割的藏文古籍图像字丁位置信息列表
n，分割后子图像个数

输出: *segs*，存储子图坐标信息的列表

```
segs ←[ ]
for noSeg = 1 → n do
    seg_box ←[ ]
    for i = 0 → len(Objects) do
        if Objects[i][0][0]∈第noSeg个子区域横坐标范围 then
            将Objects[i]添加到seg_box列表中
            Objects[i] ←[ ]
        else
            continue
    Objects ←删掉空列表元素后的列表
    将seg_box添加到segs列表中
return segs
```

图 4-3　半自动标注纠正之分割子程序伪代码

针对上述问题，下面采用将整张藏文古籍图像分割成多张子图像的思路，提出一种藏文古籍字丁半自动标注纠正方法，其包括分割和整合两个阶段。图 4-3

是分割阶段的伪代码，其核心思想是，根据每个目标框的中心点横坐标所处范围将其划分到相应的子图像中，在各子图像内部按上述藏文古籍字丁半自动标注排序方法进行行间分组、行内排序等操作，使各子图像中目标框位置排序正确。图4-4是整合阶段的伪代码，其旨在将分割阶段生成的各子图整合在一起，形成对整张图像的XML格式标注文件，其核心思想是：首先判断子图像中每一行行首目标框的中心点纵坐标处于上一张子图像哪一行目标框的中心点纵坐标范围内，然后将该文本行通过尾插法插入到上一张子图像的对应行中；若某行行首目标框的中心点纵坐标小于上一张子图像任何一行字丁框的中心点纵坐标，则将该行设为新的第一行。

```
半自动标注纠正之整合子程序
输入:   seg_result，排序后的子图
        a ，调节因子
输出:   whole_result，排序后的整图
whole_result ←[ ]
for s = 0 → len(seg_result) do
    if s为0 then
        whole_result ← seg_result[s]
    else
        yLastBox, yMean_H, yRangeLastBox ←[ ]
        for row = 0 → len(whole_result) do
            将whole_result中第row行的最后一个字丁框的中心点纵坐标添入yLastBox列表中
            将whole_result中第row行的字丁框平均高度添入yMean_H中
            将[yLastBox[row] − yMean_H[row] ∗ a, yLastBox[row] + yMean_H[row] ∗ a]
              添入yRangeLastBox中
        for r = 0 → len(seg_result[s]) do
            for i = 0 → len(yRangeLastBox) do
                if seg_result[s][r][0][0][1] ∈ (yRangeLastBox[i][0], yRangeLastBox[i][1]) then
                    将seg_result[s][r]尾插到whole_result[i]
                    将whole_result[i]的行内元素按中心点横坐标排序
                    break
                else if seg_result[s][r][0][0][1] ∈ (yRangeLastBox[i][1], yRangeLastBox[i + 1][0]) then
                    whole_result.insert(i + 1, seg_result[s][r])
                    yLastBox, yMean_H, yRangeLastBox ←[ ]
                    for row = 0 → len(whole_result) do
                        将whole_result[row][len(whole_result[row]) − 1][0][1]添入yLastBox列表中
                        sum_every ← 0
                        for n = 0 → len(whole_result[row]) do
                            将第row行第n个字丁的高度累加到sum_every中
                        将sum_every/len(whole_result[row])添入yMean_H中
                        将[yLastBox[row] − yMean_H[row] ∗ a, yLastBox[row] + yMean_H[row] ∗ a]
                          添入yRangeLastBox中
                else if seg_result[s][r][0][0][1] 小于yRangeLastBox[0][0] then
                    whole_result.insert(0, seg_result[s][r])
                    yLastBox, yMean_H, yRangeLastBox ←[ ]
return whole_result
```

图4-4　半自动标注纠正之整合子程序伪代码

为了审核半自动标注的正确性，进一步开发了人工审核程序。该程序同时打

开数据集中的图像文件和图像所对应的标注文件，把所标注的字丁目标框与字丁类别名对比显示，如图 4-5 和图 4-6 所示，其中，后者是前者的放大图，蓝色框为字丁目标框、红色字为字丁类别名，通过观察蓝色框位置是否合适和红色类别名是否与蓝色目标框中字丁图像对应，可对生成的数据集进行验证。

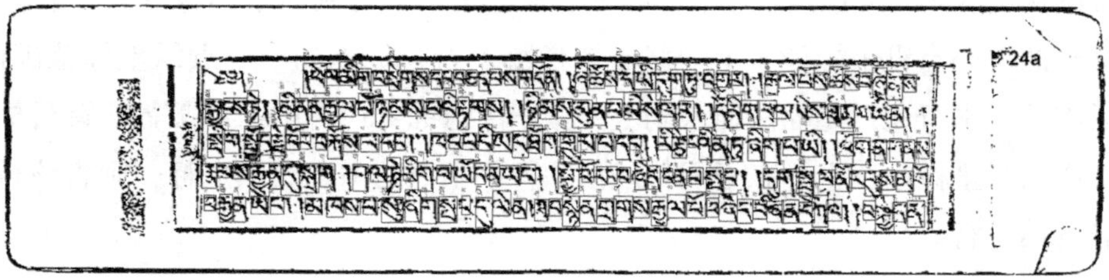

图 4-5　数据集的人工审核

（被处理图像来源：《萨迦格言》第 47 页）

图 4-6　数据集的人工审核细节

下面把经过上述方法构建的数据集称为藏文古籍字丁半自动标注数据集。该数据集由于准确度高，将在后续实验中用作测试数据集，即用于测试算法模型的性能。为了能较为全面地测试算法模型在不同的图像尺寸、模糊度、颜色、形变、背景、污损和不同的字体、文字大小、文字密度、文献版式下的性能表现，该数据集中的藏文古籍图像取自 10 套古籍，每套古籍 2 页图像，共 20 页图像、10249 个藏文字丁。

第五章　藏文古籍字丁数据集增扩

上一章介绍的藏文古籍字丁半自动标注方法虽然较大程度提高了标注效率，但其所构建的藏文古籍字丁半自动标注数据集在训练目标检测网络模型的数据量需求上仍然相差甚远，因为训练数据集一般需要成千上万张标注图像，尤其在背景复杂、目标多样的情况下，所需训练数据集更为庞大。对此，本章将研究藏文古籍字丁数据集增扩方法，其中首先介绍整体技术框架，然后介绍该框架下的藏文字丁图像生成与变换、藏文古籍图像合成等关键方法，最后通过实验验证数据集的增扩效果。

第一节　藏文古籍字丁数据集增扩技术框架

藏文古籍字丁数据集增扩技术框架如图 5-1 所示，包括藏文字丁图像生成与变换模块、藏文古籍图像合成模块、藏文古籍字丁增扩数据集生成模块、实验验证与优化等四部分。其中，“藏文字丁图像生成与变换模块”产生与真实藏文古籍字丁图像相似的图像，输出给“藏文古籍图像合成模块”，后者合成与真实藏文古籍整页图像相似的图像；“藏文古籍字丁增扩数据集生成模块”根据需求设置前两模块参数，生成一定数量和规格的藏文古籍字丁增扩数据集；“实验验证与优化”旨在运用藏文古籍字丁增扩数据集，验证前三个模块中各影响因素的有效性并据此筛选和优化它们，进而生成优化后的藏文古籍字丁增扩数据集。

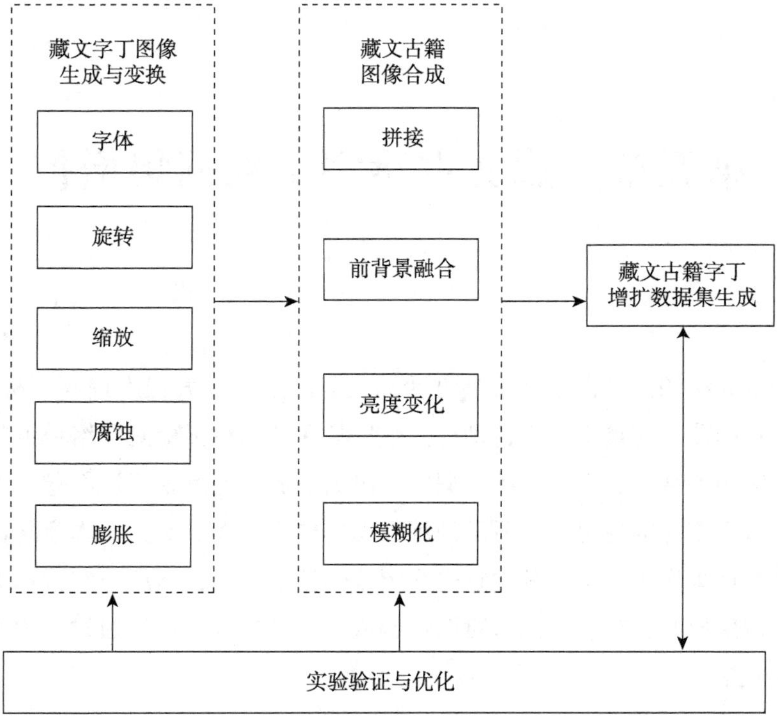

图 5-1　藏文古籍字丁数据集增扩技术框架

藏文字丁图像生成与变换模块把藏文字体文件作为图像来源，经颜色、旋转、缩放、腐蚀、膨胀等变换，旨在生成能模拟真实藏文古籍中各形各色字丁的图像。其中各变换的模拟效果如表 5-1 所示。

表 5-1　藏文字丁图像变换效果

变换类型	变换效果
字体选择	模拟古籍中不同字体
旋转变换	模拟在采集古籍图像时因古籍或设备摆放不正等而产生的倾斜
缩放变换	模拟古籍图像中文字的不同尺寸
腐蚀、膨胀变换	模拟字迹线形粗细不同和墨迹晕染

藏文古籍图像合成模块旨在把藏文字丁图像生成与变换模块输出的多张藏文字丁图像，合成能模拟真实藏文古籍中复杂背景、较低清晰度、不同曝光程度等情形的整页图像，其涉及如表 5-2 所示的藏文字丁图像拼接、背景融合、亮度变化、模糊化等处理。

表 5-2　藏文古籍图像合成效果

类型	作用
藏文字丁图像拼接	拼接藏文字丁图像为整页图像
背景融合	模拟真实藏文古籍图像的墨迹颜色和背景颜色
亮度变化	模拟采集古籍图像时不同的曝光效果
模糊化	模拟因古籍年代久远和采集设备等而导致的字迹和背景模糊

第二节　藏文字丁图像生成与变换

藏文字丁图像生成与变换的流程如图 5-2 所示分成如下两部分：

左边部分是藏文字丁图像生成。其中，“Unicode 编码的所有藏文字丁”中的藏文字丁见附录 C，本书参考常见藏文字丁的统计数据[77]，共考虑了 872 个藏文字丁，这决定了藏文古籍字丁数据集增扩后的字丁类别。“设置字体信息”“该字丁图像生成”将 Unicode 编码的藏文字丁按指定字体文件生成藏文字丁图像，字体文件决定了藏文字丁字形，本书默认采用喜马拉雅字体。

右边部分是藏文字丁图像变换。其对生成的每个藏文字丁图像作包括旋转、缩放、腐蚀、膨胀等变换，并保存变换后的藏文字丁图像。下面介绍这些变换。

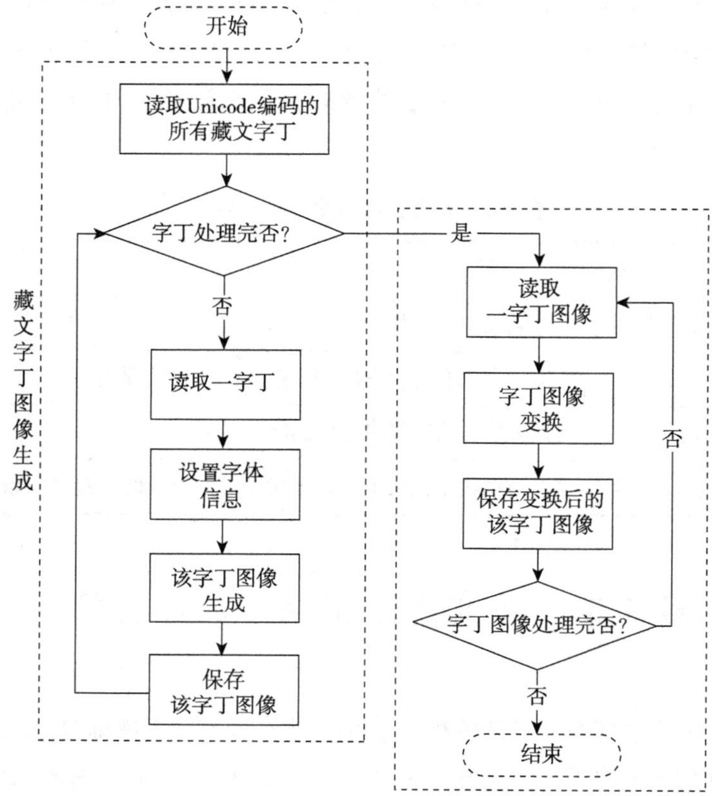

图 5-2　藏文字丁图像生成流程

一、藏文字丁图像旋转变换

通过藏文字丁图像旋转变换可以模拟藏文古籍中的字体倾斜现象，其关键在于如何移动图像中的每一个像素以及处理因旋转而导致的图像大小变化。

记旋转变换矩阵 M 为：

$$M=\begin{bmatrix}\cos\alpha & \sin\alpha \\ -\sin\alpha & \cos\alpha\end{bmatrix} \tag{5-1}$$

其中 α 为旋转角度。通过观察真实藏文古籍中字符的倾斜程度，α 取值范围一般为［-15°，15°］。

藏文字丁图像旋转变换的步骤如下：

（1）获得待旋转的藏文字丁图像宽高，分别记为 w 和 h；

（2）计算图像中心点横纵坐标，分别记为 $c_w=\frac{w}{2}$，$c_h=\frac{h}{2}$；

（3）计算变化后图像宽高，分别为 $w'=h\cdot\sin\alpha+w\cdot\cos\alpha$，$h'=h\cdot\cos\alpha+w\cdot\sin\alpha$；

（4）调整变换矩阵为 $M'=M+\begin{bmatrix}\frac{w'}{2}-c_w & \frac{w'}{2}-c_w\\ \frac{h'}{2}-c_h & \frac{h'}{2}-c_h\end{bmatrix}$；

（5）利用 M' 生成旋转后的藏文字丁图像。

藏文字丁图像旋转变换效果如图 5-3 所示，其中“-”“+”分别表示逆时针旋转和顺时针旋转，例如“-15°”表示逆时针旋转 15°。

图 5-3　藏文字丁图像旋转变换效果

二、藏文字丁图像缩放变换

在真实藏文古籍的同一张图像中，可能存在不同大小的字丁。同时，在上述所生成的藏文字丁图像中，单个字丁的长宽比为固定值，但真实字丁却有不同程度的宽高方向拉伸。因此，为使得人造数据集更接近真实数据集，需对藏文字丁图像在宽高方向进行等比和不等比缩放。

图 5-4 是藏文字丁图像在等比缩放变换后的效果，其中数字表示宽高方向较原图的缩放比例。图 5-5 是藏文字丁图像在宽高不等比缩放变换后的效果，其保持高不变，只在宽方向缩放，其中数值表示宽方向缩放比例。

图 5-4　藏文字丁图像宽高等比缩放变换

图 5-5　藏文字丁图像宽高不等比缩放变换

三、藏文字丁图像腐蚀、膨胀变换

因受限于印制工艺和保存条件，现存藏文古籍中的部分字丁图像有浸润、腐蚀现象。除此之外，木刻版藏文古籍因拓印模板不同，手写板因笔触和力度不同，而有字迹线形粗细不同和墨迹晕染。为模拟这些情形，需对由字体文件生成的、笔画均匀的当代印刷体藏文字丁图像用腐蚀变换与膨胀变换来处理。在图像形态学中，腐蚀和膨胀是一对相反的操作，均将在指定大小的区域内的最值作为整个区域输出值。它们的处理效果受处理核形状、大小以及迭代次数等三个参数的影响。目前，这三个参数的选取均无统一标准。为此，本书参考真实藏文古籍图像情况，选取与一般藏文古籍中字丁大小相近的 28 号字体生成的藏文字丁图像为实验对象，采用如下实验来确定上述三个参数。

当核大小为 2×2，迭代次数为 1，核形状为矩形、交叉形、圆形等三种时，实验结果样例如图 5-6 所示。可见，三种核形状下的腐蚀和膨胀效果无明显差异。

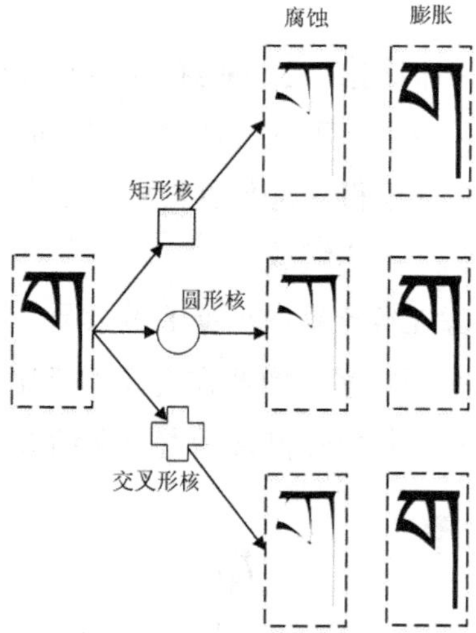

图 5-6　形态学参数验证结果样例

图 5-7 是在核形状为矩形、核大小依次为 2×2 和 3×3、迭代次数依次为 1 和 2 的条件下的实验对比结果样例。可见，在矩形核下，当核大小为 2、迭代次数为 1 时，形态学变换效果相对最佳。

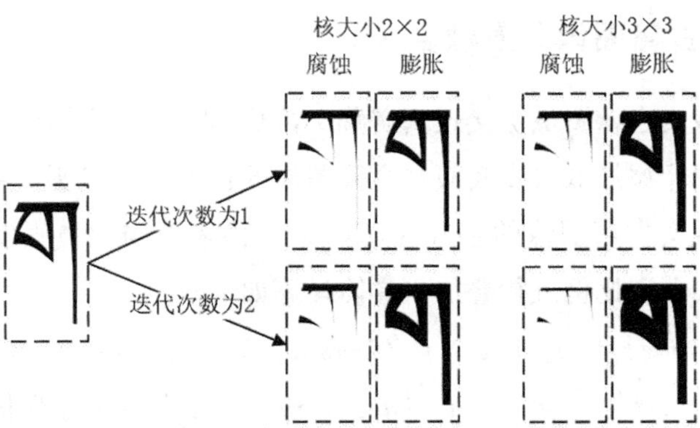

图 5-7　矩形核条件下的对比结果样例

第三节　藏文古籍图像合成

藏文字丁图像合成是指把上一节所生成的藏文字丁图像拼接、合成为藏文古籍整页图像。生成的藏文古籍图像在文字内容连贯性方面无任何意义，仅用于完成后续在整张图像中的字丁目标检测网络的训练任务。为了方便起见，下面把拼接成、合成的整页藏文古籍图像称为合成藏文古籍图像。

藏文字丁图像拼接中的行间距、字丁间距、版面大小和版心大小可根据需求设置。用于拼接的藏文字丁图像可按照需求和一定概率，从上一节所生成的藏文字丁图像中选取。拼接效果如图 5-8 所示，其中，为了更好地显示图像边界，在图像四周加了黑色边框，下文同此。但这与真实藏文古籍图像还有较大区别，下面从图像背景融合、亮度变化和模糊化等方面对合成藏文古籍图像进行改善。

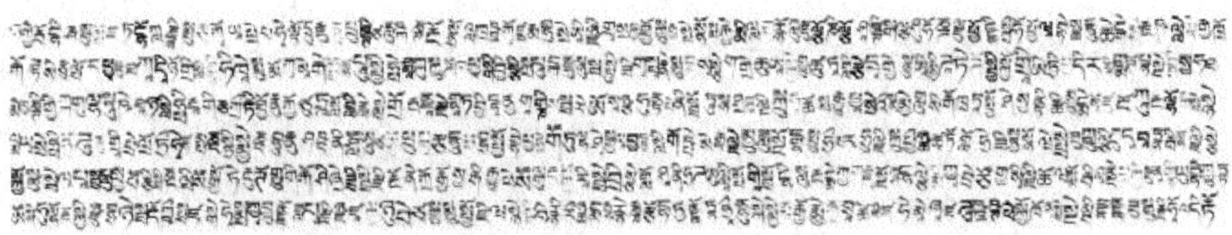

图 5-8　合成藏文古籍图像的初步效果

一、藏文古籍图像背景融合

为使合成藏文古籍图像更接近真实藏文古籍图像，需采用融合背景的手段给合成藏文古籍图像添加取自真实藏文古籍图像的背景。本书所采用的融合背景的方法是将合成藏文古籍图像的字迹（即前景）像素值与取自真实藏文古籍图像的背景像素值按一定比例进行叠加，具体计算如下式：

$$res\_img_{x,y}=bg\_img_{x,y}\cdot(1-ratio_{x,y})+fg\_img_{x,y}\cdot ratio_{x,y} \tag{5-2}$$

其中，$res\_img_{x,y}$、$fg\_img_{x,y}$、$bg\_img_{x,y}$、$ratio_{x,y}$分别表示在坐标（x，y）处的融合背景后的藏文古籍图像的像素值、融合背景前的合成藏文古籍图像的像素值、取自真实藏文古籍图像的背景图像值、融合比例，融合比例是指$fg_img_{x,y}$在$res_img_{x,y}$中的占比，其取值范围为［0，1］。

上一节所生成的藏文字丁图像有两种前、背景色：前景色为白色，背景色为黑色（24 位 RGB 编码为#000000）；前景色为其他颜色，背景色为白色（24 位 RGB 编码为#FFFFFF）。在进行融合背景的过程中，需对上述两种不同背景色的藏文字丁图像分别计算$ratio_{x,y}$，具体计算如下式：

$$\begin{cases} ratio_{x,y}=\dfrac{765-Sum(fg\_img_{x,y})}{765}, & \forall\, bg\_img_{x,y}=\#FFFFFF \\ ratio_{x,y}=1-\dfrac{765-Sum(fg\_img_{x,y})}{765}, & \forall\, bg\_img_{x,y}=\#000000 \end{cases} \tag{5-3}$$

其中，$Sum(fg_img_{x,y})$表示对$fg_img_{x,y}$的三通道像素值求和，#FFFFFF 和#000000分别表示三通道像素值均为 255 和 0。

基于上述思想，在融合取自真实藏文古籍图像的背景后的效果如图 5-9 和图 5-10 所示，其中图 5-9 为白底黑字的合成藏文古籍图像在融合背景前后的效果，图 5-10 为黑底白字的合成藏文古籍图像在融合背景前后的效果。

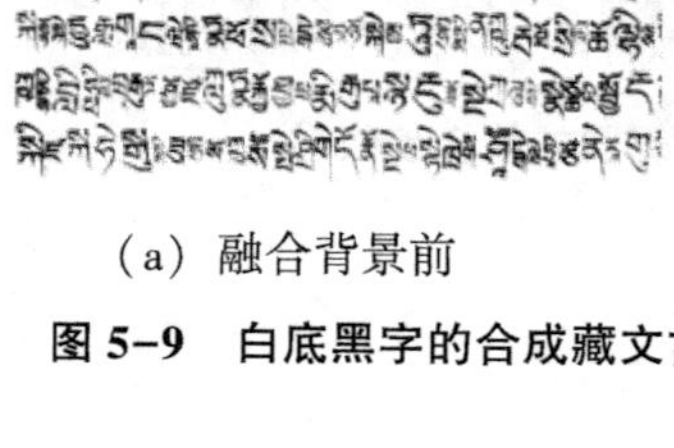

（a）融合背景前

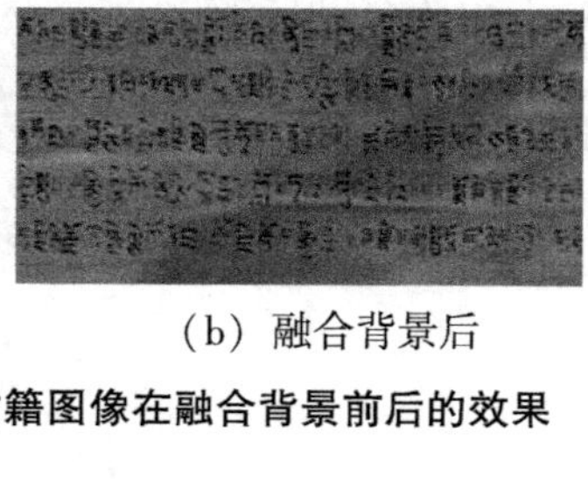

（b）融合背景后

图 5-9　白底黑字的合成藏文古籍图像在融合背景前后的效果

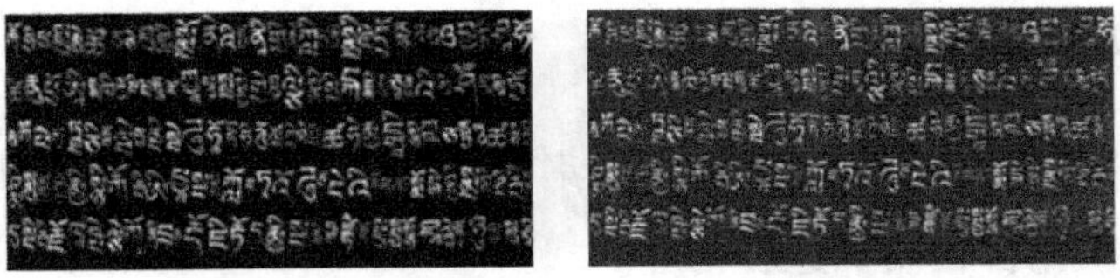

（a）融合背景前　　（b）融合背景后

图 5-10 黑底白字的合成藏文古籍图像在融合背景前后的效果

二、藏文古籍图像亮度变化

受采集设备和环境光照强度的影响，真实藏文古籍图像亮度不一。为了使合成藏文古籍图像更加接近真实藏文古籍图像，需对合成藏文古籍图像添加不同光照强度，即对图像进行亮度变化。

数字图像处理一般在 RGB 颜色空间中进行，RGB 三个通道分别控制 R（红色）、G（绿色）和 B（蓝色），只有三个通道叠加才呈现出当前像素的颜色。RGB 三通道均与亮度密切相关，若要调整图像亮度，则要同时调整 RGB 三通道的值。HSV[78] 是另一种颜色空间，它由 H（色调）、S（饱和度）、V（亮度）等三部分组成，其中亮度是独立的。所以，对图像的亮度变化可简化为在 HSV 空间中修改 V 值。因此，本节在进行藏文古籍图像亮度变化时，先把图像从 RGB 空间转换到 HSV 空间，然后通过调整 V 值来实现亮度变化，最后再转换回 RGB 空间。其中，对 V 值作了如下约束：

$$V' = \begin{cases} V \cdot r, & \forall V \cdot r \leq 255 \\ 255, & \forall V \cdot r > 255 \end{cases} \tag{5-4}$$

其中，V 为原图像亮度大小，r 为亮度变化后与变化前的比例。根据真实藏文古籍图像，r 的经验值范围为［0.75，1.25］。亮度变化的效果如图 5-11 所示，其中 r 取值 0.75 和 1.25。

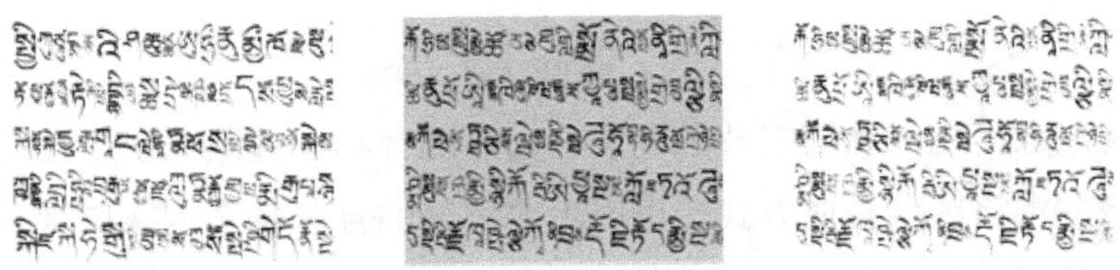

（a）亮度变化前的原图　　（b）$r=0.75$　　（c）$r=1.25$

图 5-11 藏文古籍图像亮度变化效果

三、藏文古籍图像模糊化

真实藏文古籍图像因纸张污损、采集设备影响可能导致字迹和背景模糊。藏文古籍图像模糊化旨在模拟这种情形。

模糊化的常用方法是平滑滤波。平滑滤波把指定大小的空间域（称为滤波核）中的像素值进行折中处理，其处理效果受滤波核大小以及滤波方法影响。常用的平滑滤波方法有均值滤波、中值滤波、高斯滤波、双边滤波等，它们的处理效果如图 5-12 所示。

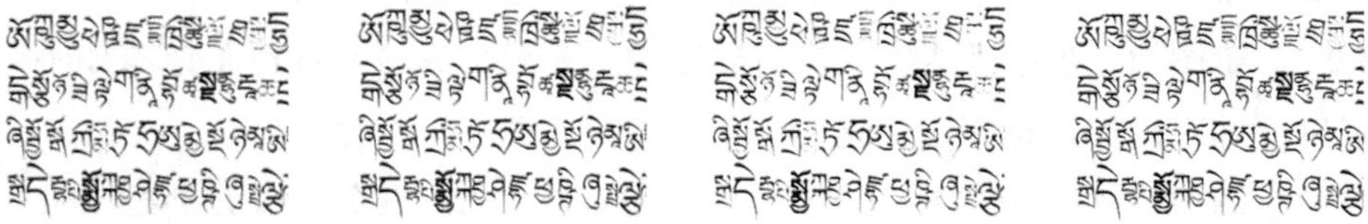

（a）均值滤波　（b）高斯滤波　（c）中值滤波　（d）双边滤波

图 5-12　合成藏文古籍图像在用几种平滑滤波方法进行模糊化后的效果

综合考虑平滑滤波方法效果和复杂度，本书选用滤波核大小为 3×3 的均值滤波对合成藏文古籍图像进行模糊化处理，模糊化后的效果如图 5-13 所示。

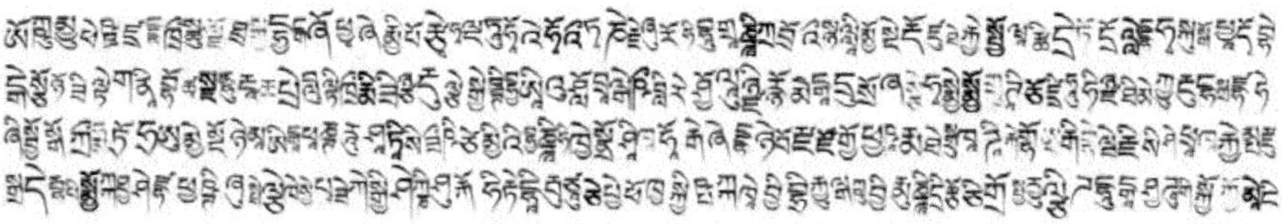

图 5-13　合成藏文古籍图像模糊化效果

第四节　藏文古籍字丁增扩数据集生成

基于第五章第二节和第三节的方法，通过取舍和设置藏文字丁图像生成和变换方式、藏文古籍图像合成方式，可以生成不同的合成藏文古籍图像，进而可以生成藏文古籍字丁增扩数据集。该流程如图 5-14 所示。

为了让藏文古籍字丁增扩数据集与真实藏文古籍图像在视觉上更为接近，本书采取如表 5-3 和表 5-4 所示的参数设置。其中，在表 5-3 中，旋转变换、宽高等比缩放、宽方向缩放、腐蚀变换和膨胀变换分别产生 5、3、5、2 和 2 种变换后的藏文字丁图像。因此，在该藏文古籍字丁增扩数据集中，藏文字丁图像总数为：字丁数×（5+3×5+2×2）＝字丁数×24。

```
藏文古籍字丁增扩数据集生成
输入: num, 为数据集图像数量
      chrT, 为 [字体 1, 字体 2, …]        % 生成字体
      chr, 为 [Unicode 编码的藏文字丁 1, Unicode 编码的藏文字丁 2, …]
      rotT, 为 [角度 1, 角度 2, …]        % 图像旋转角度
      eqResT, 为 [比例 1, 比例 2, …]        % 图像宽方向上的缩放比例
      ineqResT, 为 [比例 1, 比例 2, …]        % 图像高方向上的缩放比例
      erodT, 为 [[核 1, 核 2, …], [迭代次数 1, 迭代次数 2, …]]        % 图像腐蚀参数
      dilT, 为 [[核 1, 核 2, …], [迭代次数 1, 迭代次数 2, …]]        % 图像膨胀参数
      joint, 为 [版面大小, 版心大小, 行间距, 字丁间距]
      colT, 为 {前景色 1: {背景色 a1, 背景色 a2, …}, 前景色 2: {背景色 b1, 背景色 b2, …}, …}
      briT, 为 [比例 1, 比例 2, …]        % 图像亮度变化比例
      fuzT, 为 [核 1, 核 2, …]
输出: 藏文古籍字丁增扩数据集
for 遍历 colT 中所有前景色 do
    为该前景色创建一个文件夹
    for 遍历 chrT do
        for 遍历 chr do
            生成当前字体下当前藏文字丁的图像 M
            M'_1 ← 按照前景色更改 M 的颜色
            for 遍历 rotT do
                M'_2 ← 对 M'_1 作旋转当前角度
                保存 M'_2 为图像文件到当前前景色的文件夹中
                for 遍历 eqResT do
                    for 遍历 ineqResT do
                        M'_3 ← 按照当前比例对 M'_2 在宽高方向上作等比例缩放
                        for 遍历 erodT do
                            M'_4 ← 按照当前核大小和迭代次数对 M'_3 作腐蚀
                            保存 M'_4 为图像文件到当前前景色的文件夹中
                        for 遍历 dilT do
                            M'_4 ← 按照当前核大小和迭代次数对 M'_3 作膨胀
                            保存 M'_4 为图像文件到当前前景色的文件夹中
n ← 0
for 遍历 colT 中所有前景色 do
    for 遍历 colT[当前前景色] do        % 遍历当前前景色对应的所有背景色
        for 遍历 briT do
            for 遍历 fuzT do
                按照当前前景色、背景色和 joint 值, 随机地从前景色文件夹中选取藏文字丁图像, 拼接为
                    整页图像 M
                M' ← 按照当前比例对 M 作亮度变化
                保存 M' 为图像文件        % 生成数据集中的一个图像文件
                根据藏文字丁图像在 M' 中的位置, 产生对应的 .XML 格式的标注文件
                n ← n + 1
                if n == num then
                    break
return 藏文古籍字丁增扩数据集
```

图 5-14　藏文古籍字丁数据集生成流程

表 5-3　藏文字丁图像生成和变换中的参数设置

藏文字丁图像生成和变换方式	参数
字体选择	喜马拉雅字体
旋转变换	旋转角度可取-10°、-5°、0°、5°和 10°
缩放变换	较原图的缩放比例，宽高等比放缩时可取 0.75、1 和 1.25，保持高不变而只在宽方向缩放时可取 0.80、0.90、1、1.10 和 1.20
形态学变换	腐蚀、膨胀的核大小均可取 2×2 或 1×1（不作形态学变换），迭代次数均为 1

在表 5-4 中的融合背景中，前景色和背景色及它们之间的搭配如表 5-5 所示，共有 4 种前景色，各前景色分别有 9、9、5 和 2 种背景色，其中前景色的白色、宝石红色、深黄色和黑色的像素值按 24 位的 RGB 编码分别为#000000、#990000、#FFCC00 和#FFFFFF，它们分别模拟墨汁、朱砂、金粉和银粉印刷或书写用料，背景色截取自真实藏文古籍图像，前景色与背景色之间共有 25 种搭配；亮度变化共有 3 种；模糊化共有 2 种。因此，藏文古籍图像合成方式共有 25×3×2=150 种。

表 5-4　藏文古籍图像合成中的参数设置

藏文古籍图像合成方式	参数
拼接	版面像素大小 1920×384，版心像素大小 1536×231，行间距离 8 个像素，字丁间距离 2 个像素
背景融合	前景和背景可取颜色见表 55
亮度变化	变换后、前亮度之比可取 0.75、1 和 1.25
模糊化	均值滤波，滤波核大小可取 3×3 和 1×1（不作模糊化）

表 5-5　背景融合中的前景色和背景色设置

前景色	背景色
黑	白，浅黑，褐，浅褐，浅黄，黄，黄黑，篮白，浅粉
宝石红	白，浅黑，褐，浅褐，浅黄，黄，黄黑，篮白，浅粉
深黄	白，黑，浅黑，褐，黄黑
白	黑，黄黑

第五节　数据集跨域处理

藏文古籍字丁半自动标注数据集是在真实藏文古籍图像上生成的，而藏文古籍字丁增扩数据集是经图像变换合成而来的，二者在图像特征分布上存在差异。该差异会降低通过后者训练的算法模型在前者上的测试效果，该问题是机器学习技术中的跨域问题。为了指代明确，下面把第五章第四节所生成的藏文古籍字丁增扩数据集称为藏文古籍字丁基准增扩数据集。

图 5-15（a）和（b）分别是藏文古籍字丁基准增扩数据集中的图像与真实藏文古籍图像的示例，分别位于跨域问题中的源域和目标域，两者在背景、字体等特征上存在显著差异。源域与目标域对应的都是同一个目标检测任务，二者具有相同的特征空间和类别空间，只是在数据的特征分布上不同。对此，需要把源域与目标域数据映射到一个新的特征空间中，在该空间中找到一个度量准则，使得源域和目标域数据的特征分布尽量接近，以进一步使得基于源域数据特征训练的算法模型可以用于目标域数据上。

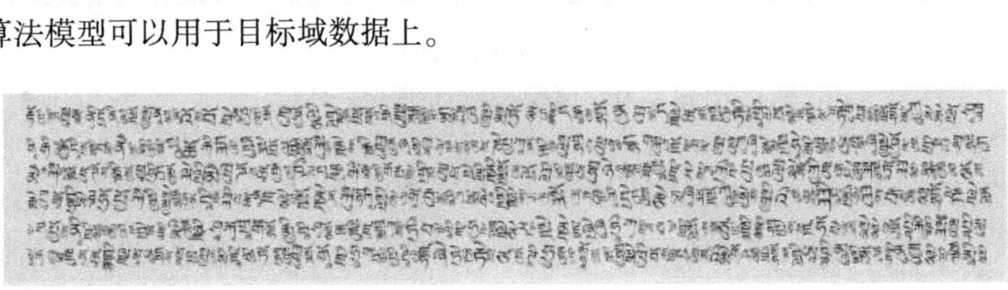

（a）源域图像

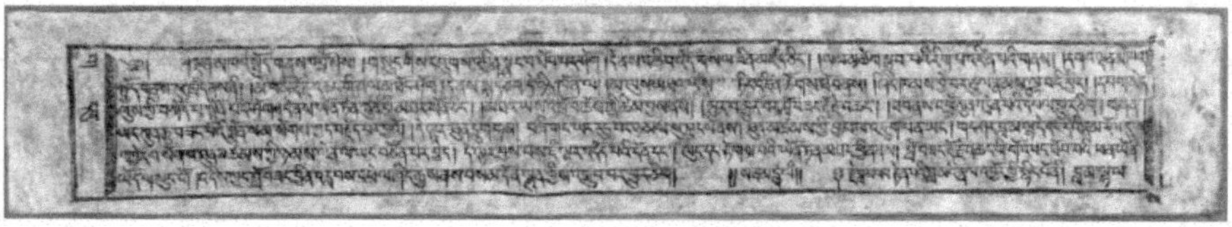

（b）目标域图像

（来源：《桑杰益西文集》第1函第49页）

图5-15　跨域问题下的藏文古籍图像示例

本节将通过对藏文古籍字丁基准增扩数据集中的图像与真实藏文古籍图像进行灰度化、二值化和标准化等三个步骤的操作，使二者特征分布尽量接近，探索数据集的跨域处理。下面逐一介绍这些步骤。

灰度化是将彩色图像转换为灰度图像，旨在减少源域和目标域在颜色上的差异。其处理过程是，对像素点的全部通道值加权求和，然后用该值作为该像素点的单通道值。源域和目标域的灰度化效果如图5-16所示。

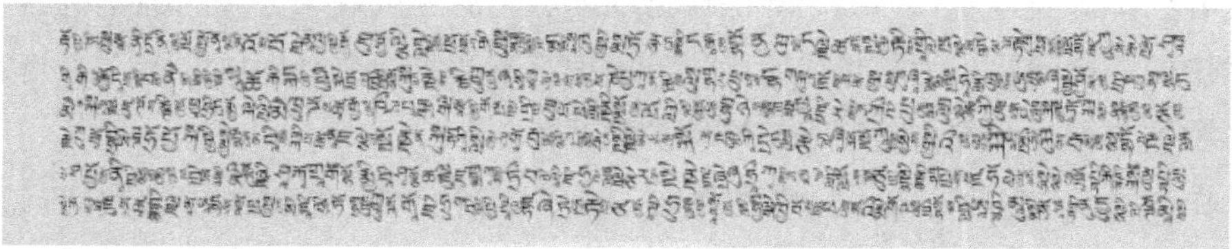

（a）源域灰度图

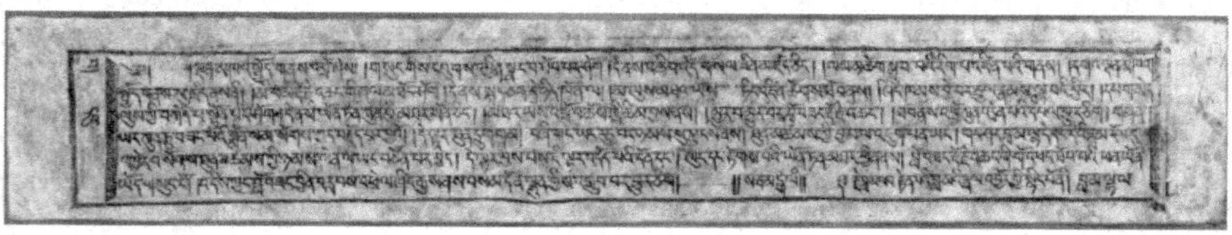

（b）目标域灰度图

图5-16　跨域处理之灰度化示例

二值化是将图像转换成二值图像。灰度图像的二值化过程是，通过设定一个阈值，把大于阈值的像素值设为1，把小于阈值的像素值设为0。根据阈值选取的不同，二值化分为固定阈值和自适应阈值两类。因为藏文古籍图像背景多样和字体颜色多变，故本书选取自适应阈值二值化。图5-17至图5-19是对图5-16

所示样例进行几种自适应阈值二值化后的效果展示：图 5-17 是采用高斯二值化后的结果，其目标域图像中的字丁周围存在较多污点，影响字丁识别；图 5-18 是采用均值二值化后的结果，也存在与高斯二值化相似的问题；图 5-19 是采用最大类间方差法（OTSU）二值化后的结果，源域和目标域图像整体效果相对最好。所以本书最终选取 OTSU 对数据集图像进行二值化处理。

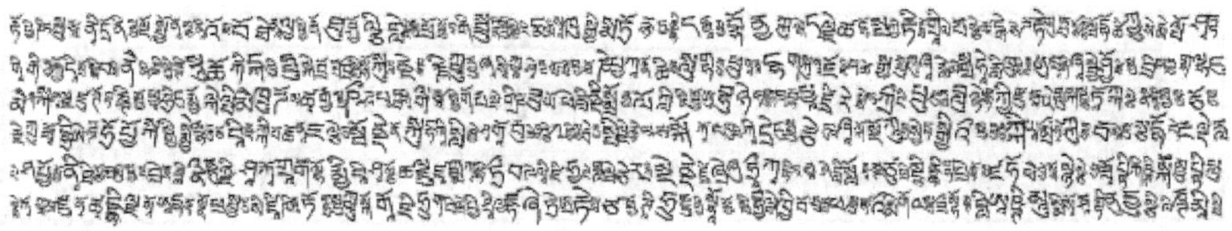

（a）高斯二值化后的源域图

（b）高斯二值化后的目标域图

图 5-17　跨域处理之高斯二值化示例

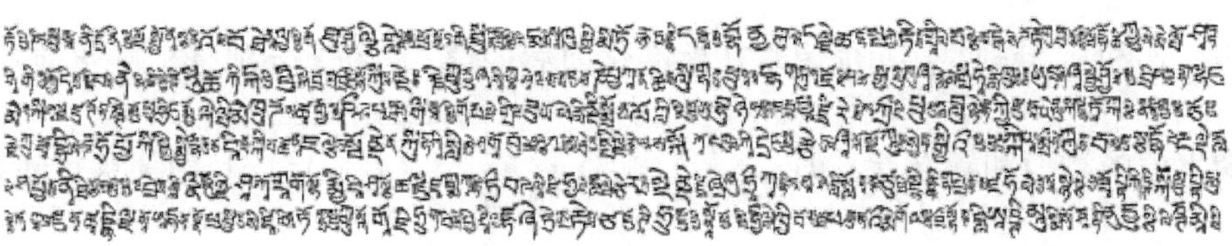

（a）均值二值化后的源域图

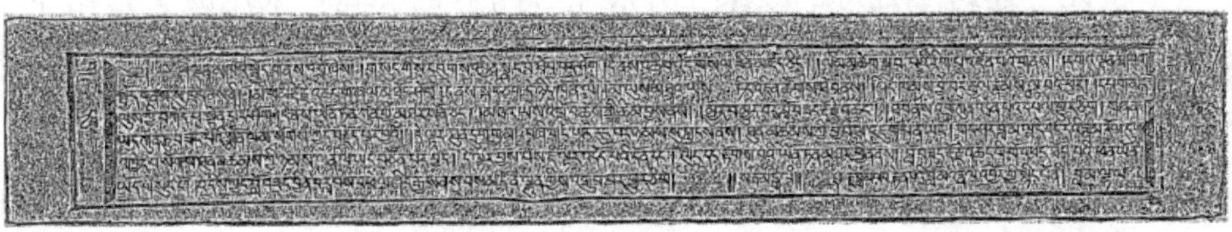

（b）均值二值化后的目标域图

图 5-18　跨域处理之均值二值化示例

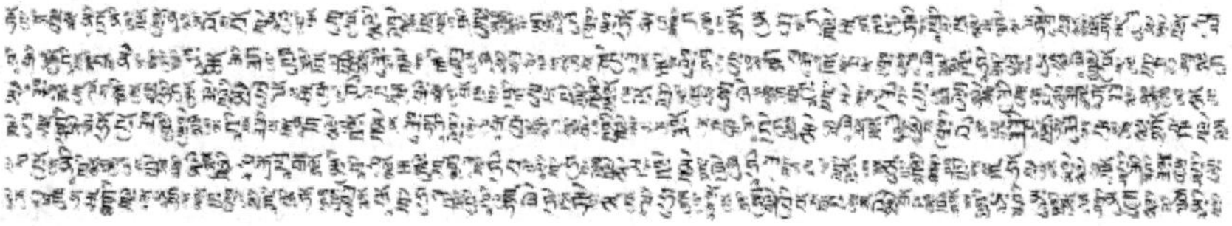

（a）OTSU 二值化后的源域图

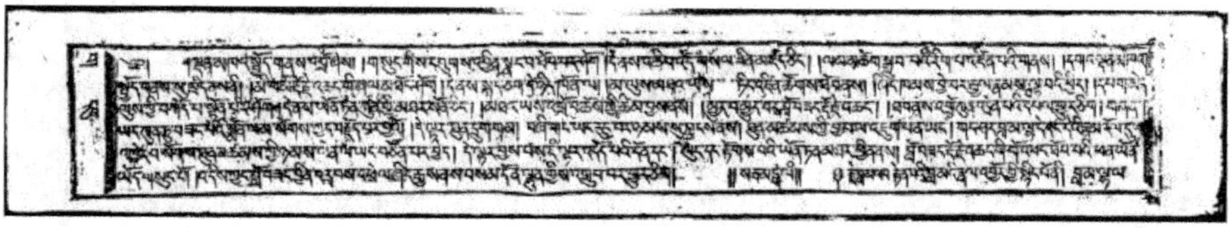

（b）OTSU 二值化后的目标域图

图 5-19　跨域处理之 OTSU 二值化示例

标准化（Normalization）是指将像素值按比例缩放，使之落入一个特定区间。本书标准化采用 z-score 法[79]，其是一种基于原始数据的均值和标准差的数据标准化方法，具体计算如下：

$$y_i=\frac{x_i-\bar{x}}{s} \tag{5-5}$$

其中，x_i 和 y_i 分别是第 i 个像素在标准化前后的值，$\bar{x}$ 和 s 分别是标准化前的所有像素值的均值和标准差，即 $\bar{x}=\frac{1}{n}\sum_{i=1}^{n}x_i$，$s=\sqrt{\frac{1}{n}\sum_{i=1}^{n}(x_i-\bar{x})^2}$，其中 n 为像素数。在 z-score 标准化后，图像全部像素点值的均值和标准差分别为 0 和 1。

为了验证上述跨域处理的效果，开展了一组对比实验：采用藏文古籍字丁基准增扩数据集进行训练和藏文古籍字丁半自动标注数据集进行测试，以及采用藏文古籍字丁基准增扩数据集经跨域处理后的数据集进行训练和藏文古籍字丁半自动标注数据集经跨域处理后的数据进行测试。算法采用第六章第一节所述的 YOLOv3 网络模型，并按照第六章第一节设置该网络模型参数。实验结果如表 5-6 所示，在对数据集进行跨域处理后，MAP（Mean Average Precision）由 5.99% 提升至 17.78%。这说明跨域处理确实有助于提高测试效果。因此，本篇后续实验将全部基于跨域处理后的数据集进行。

表 5-6　跨域处理实验结果

训练集	测试集	MAP
基准增扩数据集	半自动标注藏文古籍字丁数据集	5.99%
基准增扩数据集经跨域处理后的数据	半自动标注藏文古籍字丁数据集经跨域处理后的数据	17.78%

第六节　图像变换与合成方式的影响

本节将验证第五章第二节中的藏文字丁图像旋转、缩放、形态学等图像变换方式，以及第三节中的藏文古籍图像背景融合、亮度变化、模糊化等图像合成方式，对数据集表现的影响，并依据该验证结果对图像变换和合成方式进行取舍，以优化藏文古籍字丁基准增扩数据集。

一、验证图像变换和古籍图像合成方式的影响

验证藏文字丁图像变换方式影响的思路为：对比藏文古籍字丁基准增扩数据集与只去除待验证的藏文字丁图像变换方式后的藏文古籍字丁增扩数据集的表现，若后者更优，则表明该藏文字丁图像变换方式对藏文古籍字丁增扩数据集的表现为负面影响，反之则为正面影响。同理，验证藏文古籍图像合成方式影响的思路为：对比藏文古籍字丁基准增扩数据集与只去除待验证的藏文古籍图像合成方式后所生成的藏文古籍字丁增扩数据集的表现，若后者更优，则表明该藏文古籍图像合成方式对藏文古籍字丁增扩数据集的表现为正面影响，反之则为负面影响。

待验证的藏文字丁图像变换和古籍图像合成方式共有 8 种，相应地，用于验证藏文字丁图像变换和古籍图像合成方式的增扩数据集也共有 8 种，如表 5-7 所示。其中，为了方便对比，增加了藏文古籍字丁基准增扩数据集（简称“基准增扩数据集”）；有无“√”表示该藏文字丁图像变换或古籍图像合成方式在生成增扩数据集过程中是否被采用；第一列中的“去除旋转变换”表示去除旋转变换方式后所生成的藏文古籍字丁增扩数据集，“去除缩放变换”“去除腐蚀变

换”等含义与此类似；“去除前景色”指前景色只取黑色，“去除背景色”指背景色只取白色；所有这些增扩数据集如表 5-7 所示，无其他区别。

表 5-7　验证图像变换和合成方式的影响的增扩数据集

数据集名称	藏文字丁图像变换方式				藏文古籍图像合成方式			
	旋转	缩放	腐蚀	膨胀	前景色	背景色	亮度变化	模糊化
基准增扩数据集	√	√	√	√	√	√	√	√
去除旋转变换		√	√	√	√	√	√	√
去除缩放变换	√		√	√	√	√	√	√
去除腐蚀变换	√	√		√	√	√	√	√
去除膨胀变换	√	√	√		√	√	√	√
去除前景色	√	√	√	√		√	√	√
去除背景色	√	√	√	√	√		√	√
去除亮度变化	√	√	√	√	√	√		√
去除模糊化	√	√	√	√	√	√	√	

实验配置为，上述 8 种增扩数据集为训练数据集，藏文古籍字丁半自动标注数据集为测试集，算法采用第六章第一节所述的 YOLOv3 网络模型，并按照其设置该网络模型参数。

表 5-8 为实验结果。其中，为了方便对比，增加了在藏文古籍字丁基准增扩数据集上的 MAP（来自表 5-6 中实验结果），“MAP 变化量”是指在此处实验用的数据集上的 MAP 减去在藏文古籍字丁基准增扩数据集上的 MAP 的差值，表中最佳结果被加粗显示。

实验结果显示，较藏文古籍字丁基准增扩数据集，在去除藏文字丁图像旋转变换、缩放变换以及藏文古籍图像前景色和背景色后的 MAP 有下降，而在去除藏文字丁图像腐蚀变换、膨胀变换以及藏文古籍图像亮度变化和模糊化后的 MAP 有提升。这说明，藏文字丁图像旋转变换、缩放变换以及藏文古籍图像前景色和背景色给藏文古籍字丁增扩数据集的表现带来正面影响，而藏文字丁图像腐蚀变换、膨胀变换以及藏文古籍图像颜色变化和模糊化给藏文古籍字丁增扩数据集的表现带来负面影响。

表 5-8　验证图像变换和合成方式对基准增扩数据集的影响的实验结果

数据集名称	MAP	MAP 变化量
基准增扩数据集	17.78%	—
去除旋转变换	15.17%	-2.61%
去除缩放变换	12.52%	-5.26%
去除腐蚀变换	19.94%	2.16%
去除膨胀变换	18.73%	0.95%
去除前景色	11.71%	-6.07%
去除背景色	14.53%	-3.25%
去除亮度变化	18.65%	0.87%
去除模糊化	**20.63%**	**2.85%**

二、数据集优化

根据上一节实验结论，本节将在藏文字丁图像变换和古籍图像合成方式中，去除藏文字丁图像腐蚀变换、膨胀变换以及藏文古籍图像亮度变化和模糊化等对增扩数据集表现有负面影响的全部方式，而只保留藏文字丁图像旋转变换、缩放变换以及藏文古籍图像前景色和背景色等对增扩数据集表现有正面影响的全部方式，构建新的藏文古籍字丁增扩数据集（下面称为优化增扩数据集 1，以便区分前面数据集和后续优化过后的藏文古籍字丁增扩数据集），并验证该数据集的表现。

优化增扩数据集 1 上的藏文字丁图像变换和古籍图像合成方式见表 5-9，其中“√”的含义同表 5-7，并为了方便对比，也列出了基准增扩数据集。

表 5-9　优化增扩数据集 1 在藏文字丁图像变换和古籍图像合成方式上的对比

数据集名称	藏文字丁图像变换方式				藏文古籍图像合成方			
	旋转	缩放	腐蚀	膨胀	前景色	背景色	亮度变化	模糊化
基准增扩数据集	√	√	√	√	√	√	√	√
优化增扩数据集 1	√	√			√	√		

表 5-10 是在优化增扩数据集 1 上的实验结果，以及与基准增扩数据集的对比结果。其中，为了方便对比，列出了在表 5-8 中表现最好的去除模糊化后的藏文古籍字丁增扩数据集的实验结果。实验结果显示，优化增扩数据集 1 的表现最优。这说明对藏文古籍字丁增扩数据集的如下优化方法是可行的：去除藏文字丁图像腐蚀变换、膨胀变换和藏文古籍图像亮度变化和模糊化等对藏文古籍字丁增扩数据集表现有负面影响的全部方式，而只保留藏文字丁图像旋转变换、缩放变换以及藏文古籍图像前景色和背景色等对增扩数据集表现有正面影响的全部方式。

表 5-10　优化增扩数据集 1 与基准数据集实验结果对比

数据集名称	MAP	MAP 变化量
基准增扩数据集	17.78%	—
去除模糊化	20.63%	2.85%
优化增扩数据集 1	21.02%	3.24%

第七节　字体的影响

上一节验证了藏文字丁图像变换以及藏文古籍图像合成对藏文古籍字丁增扩数据集的影响。除此之外，由于在第二节藏文字丁图像生成过程中，字体文件决定了藏文字丁图像的字形效果，所以字体的选取也会影响藏文古籍字丁增扩数据集的表现。鉴于藏文古籍中字体不尽相同，本节将通过增加字体多样性，来模拟真实藏文古籍中的多种字体，分析字体的影响，以进一步优化数据集。

一、验证增加字体的影响

藏文古籍字丁基准增扩数据集选用了使用广泛、接近较多真实藏文古籍中字体的喜马拉雅字体，本小节将增加藏文木刻板古籍中常用的乌金萨钦体字体，验证增加字体对数据集表现的影响。为了方便描述，下面把以喜马拉雅字体产生的藏文古籍字丁增扩数据集简称为喜马拉雅体数据集，把以乌金萨钦体字体产生的藏文古籍字丁增扩数据集简称为乌金体数据集，把以喜马拉雅和乌金萨钦体两种字体产生的藏文古籍字丁增扩数据集简称为双字体数据集。

实验设置为，分别把喜马拉雅体数据集、乌金体数据集、双字体数据集作为训练数据集，其余同前文。其中，喜马拉雅体数据集与藏文古籍字丁基准增扩数据集相同，其余两个数据集与基准增扩数据集除字体外，无其他区别。

表 5-11 是实验结果，其中，因喜马拉雅体数据集同基准增扩数据集，所以其实验结果取自表 5-6 中实验结果。实验结果显示，双字体数据集具有相对最好的表现。这说明，增加数据集中的字体会给数据集的表现带来正面影响。

表 5-11　验证增加字体的影响的实验结果

增扩数据集中的字体	MAP	MAP 变化量
喜马拉雅字体	17.78%	—
乌金萨钦体字体	6.27%	—
喜马拉雅字体和乌金萨钦体字体	**21.13%**	较喜马拉雅字体提升 3.35% 较乌金萨钦体字体提升 14.86%

二、数据集优化

在前文中优化数据集的方法为：去除藏文字丁图像腐蚀变换、膨胀变换以及藏文古籍图像颜色变化和模糊化等对增扩数据集表现有负面影响的全部方式，而只保留藏文字丁图像旋转变换、缩放变换以及藏文古籍图像前景色和背景色等对增扩数据集表现有正面影响的全部方式（为了下面方便引用，记这些有正面影响的全部方式为 A）。前文优化的是喜马拉雅体数据集，本节将尝试优化双字体数据集。

本节有两种优化思路：第一，首先采用与前文类似的方法，验证图像变换与合成方式对乌金体数据集的影响，去除对乌金体数据集表现有负面影响的全部方式，而只保留对乌金体数据集表现有正面影响的全部方式（为了下面方便引用，记这些有正面影响的全部方式为 B)，然后分别对双字体数据集中的喜马拉雅字体和乌金萨钦体字体用 A 和 B 处理；第二，采用与前文类似的方法验证图像变换与合成方式对双字体数据集的影响，去除对双字体数据集表现有负面影响的全部方式，而只保留对双字体数据集表现有正面影响的全部方式。

上述两种思路的主要区别在于：第一种思路是分为喜马拉雅体数据集和乌金体数据集，独立地在各数据集上验证图像变换与合成方式的影响，然后根据验证结果再优化双字体数据集，而第二种思路是直接在双字体数据集上验证和优化。为了方便，下面把这两种思路分别称为两种字体独立优化、两种字体同时优化，并用实验测试这两种思路的正确性。

（一）两种字体独立优化

在两种字体独立优化中，需要验证图像变换与合成方式对喜马拉雅体数据集和对乌金体数据集的影响。由于在前文中，已经验证了图像变换与合成方式对喜马拉雅体数据集的影响，故下面验证对乌金体数据集的影响。

与表 5-7 类似的方式构建藏文古籍字丁增扩数据集，但与表 5-7 不同的是，此处采用的是乌金萨钦体字体而非喜马拉雅字体。实验以这些数据集分别为训练数据集，其余设置同前文。表 5-12 为实验结果，其中，“乌金体基准数据集”是指这样的数据集：较藏文古籍字丁基准增扩数据集的唯一差异在于，字体是乌金萨钦体字体而非喜马拉雅字体（为了与“乌金体基准数据集”的称呼对应和方便下文对比，藏文古籍字丁基准增扩数据集因采用喜马拉雅字体而称为“喜马拉雅体基准数据集”）。“MAP 变化量”是指在此处实验用数据集上的 MAP 减去在乌金体基准数据集上的 MAP 的差值，表中最佳结果已被加粗显示。

实验结果显示了与前文相似的现象：较乌金体基准数据集，在分别去除藏文字丁图像旋转变换、缩放变换以及藏文古籍图像前景色和背景色后的 MAP 有下降，而在分别去除藏文字丁图像腐蚀变换、膨胀变换以及藏文古籍图像颜色变化和模糊化后的 MAP 有提升。实验结论也与前文相同：藏文字丁图像旋转变换、缩放变换以及藏文古籍图像前景色和背景色给增扩数据集的表现带来正面影响，而藏文字丁图像腐蚀变换、膨胀变换以及藏文古籍图像颜色变化和模糊化给增扩数据集的表现带来负面影响。

表 5-12　验证图像变换和合成方式对乌金体数据集的影响的实验结果

数据集名称	MAP	MAP 变化量
乌金体基准数据集	6.27%	—
去除旋转变换	5.61%	-0.66%
去除缩放变换	6.04%	-0.23%
去除腐蚀变换	7.88%	1.61%
去除膨胀变换	7.91%	1.64%
去除前景色	3.40%	-2.87%
去除背景色	5.06%	-1.21%
去除亮度变化	**9.28%**	**3.01%**
去除模糊化	8.43%	2.16%

采用前文的方法，对乌金体基准数据集做如下优化：在藏文字丁图像变换和古籍图像合成方式中，去除藏文字丁图像腐蚀变换、膨胀变换以及藏文古籍图像颜色变化和模糊化等对增扩数据集表现有负面影响的全部方式，只保留藏文字丁图像旋转变换、缩放变换以及藏文古籍图像前景色和背景色等对增扩数据集表现有正面影响的全部方式，构建新的数据集（下面称为优化乌金体数据集）。实验结果为，在该数据集上的 MAP 为 7.92%，较乌金体基准数据集提高 1.65%。该结果虽然较表 5-12 中的去除亮度变化或模糊化后的乌金体数据集差，但仍然优于乌金体基准数据集。

然后，对双字体数据集中的喜马拉雅字体和乌金萨钦体字体，分别用对喜马拉雅体基准数据集和乌金体基准数据集有正面影响的方式去处理，得到两种字体独立优化后的数据集（下面称之为优化双字体数据集 1，以便区分后续优化后的数据集）。表 5-13 展示了基准增扩数据集（即喜马拉雅基准增扩数据集，也即藏文古籍字丁基准增扩数据集）、优化增扩数据集 1、乌金体基准数据集、优化乌金体数据集、优化双字体数据集 1 在藏文字丁图像变换和古籍图像合成方式上的对比。

表 5-13　各种优化数据集在藏文字丁图像变换和古籍图像合成方式上的对比

数据集名称	藏文字丁图像变换方式				藏文古籍图像合成方式			
	旋转	缩放	腐蚀	膨胀	前景色	背景色	亮度变化	模糊化
基准增扩数据集	√	√	√	√	√	√	√	√
优化增扩数据集 1	√	√			√	√		
乌金体基准数据集	√	√	√	√	√	√	√	√
优化乌金体数据集	√	√			√	√		
双字体数据集	√	√	√	√	√	√	√	√
优化双字体数据集 1	√	√			√	√		

实验以表 5-13 中数据集分别为训练数据集，其余设置同前文。表 5-14 为实验结果，其中的基准增扩数据集、优化增扩数据集 1、乌金体基准数据集、优化乌金体数据集的数据直接取自前面实验结果，“MAP 变化量”是指对应数据集优化后与优化前的 MAP 的差值。

实验结果显示，与喜马拉雅体数据集和乌金体数据集的优化结果不一样，采用两种字体独立优化思路优化后的双字体数据集的表现在下降。这说明，两种字体独立优化的思路是错误的。这也可推断出，图像变换和合成方式对喜马拉雅体数据集的影响与对乌金体数据集的影响之间不是相互独立的。这需要把双字体数据集中的喜马拉雅字体和乌金萨钦体作为一个整体来研究，这就是第二种优化思路——两种字体同时优化。

表 5-14　两种字体独立优化数据集的实验结果

数据集名称	MAP	MAP 变化量
基准增扩数据集	17.78%	—
优化增扩数据集 1	21.02%	3.24%
乌金体基准数据集	6.27%	—
优化乌金体数据集	7.92%	1.62%
双字体数据集	21.13%	—
优化双字体数据集 1	21.03%	-0.1%

（二）两种字体同时优化

与表 5-7 类似的方式构建藏文古籍字丁增扩数据集，但与表 5-7 不同的是，此处采用的是喜马拉雅字体和乌金萨钦体字体两种字体而非喜马拉雅一种字体。实验以这些数据集分别为训练数据集，其余设置同前文。表 5-15 为实验结果，其中，“双字体基准数据集”是指这样的数据集：其较基准增扩数据集的唯一差异在于，字体是喜马拉雅字体和乌金萨钦体字体两种字体，而非喜马拉雅一种字体。“MAP 变化量”是指在此处实验用数据集上的 MAP 减去在双字体基准数据集上的 MAP 的差值，表中最佳结果已被加粗显示。

实验结果显示，较双字体基准数据集，除了在去除藏文字丁图像膨胀变换后的 MAP 有提升外，在去除其余图像变换和合成方式后的 MAP 均有下降。这说明，除藏文字丁图像膨胀变换给双字体数据集带来负面影响外，其余图像变换和合成方式均给双字体数据集带来正面影响。

表 5-15　验证图像变换和合成方式对双字体数据集的影响的实验结果

数据集名称	MAP	MAP 变化量
双字体基准数据集	21.13%	—
去除旋转变换	18.39%	-2.74%
去除缩放变换	16.84%	-4.29%

续表

数据集名称	MAP	MAP 变化量
去除腐蚀变换	18.81%	-2.32%
去除膨胀变换	**21.34%**	**0.21%**
去除前景色	12.94%	-8.19%
去除背景色	15.07%	-6.06%
去除亮度变化	16.41%	-4.72%
去除模糊化	12.95%	-8.18%

采用前文的方法，对双字体基准数据集做如下优化：在藏文字丁图像变换和古籍图像合成方式中，去除给数据集带来负面影响的藏文字丁图像膨胀变换，而保留给数据集带来正面影响的其余图像变换和合成方式，构建新的数据集（下面称之为优化双字体数据集 2）。由于只去除了藏文字丁图像膨胀变换，优化双字体数据集 2 等同于表 5-15 中的“去除膨胀变换”的双字体数据集，所以表 5-15 中的“去除膨胀变换”的双字体数据集的实验结果就是在优化双字体数据集 2 中的实验结果。可见，两种字体同时优化的思路取得了一定的效果。

第六章　藏文古籍字丁目标检测

本章将介绍藏文古籍字丁目标检测模型，并根据藏文古籍字丁数据集不同于常见自然界图像数据集的一些特点，对模型作适应性配置，验证实现藏文古籍字丁目标检测的可行性。

第一节　藏文古籍字丁目标检测模型与实验配置

针对藏文古籍图像中存在的字丁密集、版式多样以及字丁目标较小的问题，选取了在小目标检测方面效果较佳的 YOLOv3 目标检测模型。

如图 6-1 所示，YOLOv3[80]模型的网络结构主要分为主干网络、特征层融合两个部分。主干网络采用的是 Darknet-53 网络，由一个 DBL（Darknetconv 2D_BN_ Leaky）模块和五个 res n 模块构成，其作用是进行特征提取，其中 DBL 模块由卷积层、批次标准层、激活函数三个部分组成，res n 模块由一个零填充模块、DBL 模块和 n 个残差块构成。在特征层融合中，把主干网络提取出来的特征层中蕴含的信息转换为坐标和类别，为了提高回归位置精度，借鉴了 FPN（Feature Pyramid Network）的思想，将主干网络输出的三个尺度的特征层进行上采样和多尺度特征融合，增加对小物体、中物体、大物体的检测效果。

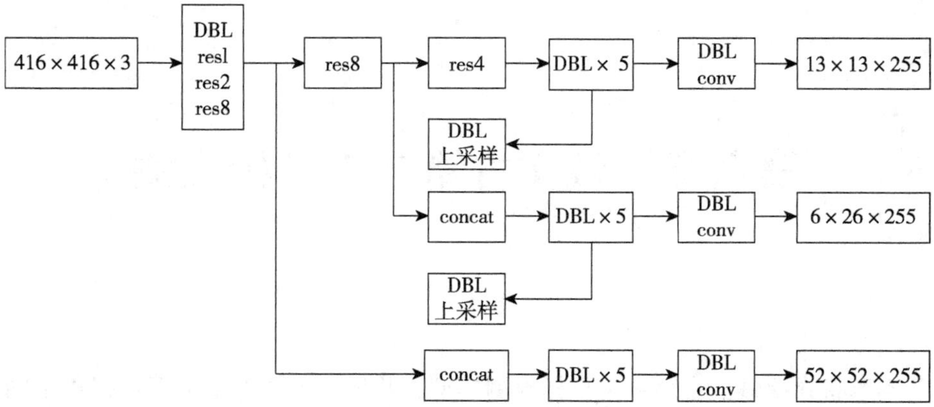

图 6-1　YOLOv3 网络结构[81]

YOLOv3 默认解决的是自然图像中的目标检测问题，其默认输入图像尺寸为 416×416×3，输出层尺寸为 52×52×256、26×26×512 和 13×13×1024 等三个尺度。而藏文古籍图像在尺寸和目标数量等多方面与自然图像相比存在显著差异，故本节根据有关藏文古籍图像的一些先验知识，对 YOLOv3 模型参数作一些修改如下：

（1）输入图像尺寸的修改：相比于一些开源数据集中的自然图像宽高比接近 1，藏文古籍图像宽高比一般不低于 5：1，故本书通过统计真实藏文古籍图像的尺寸信息，将修改模型的输入宽高为 1920×384。

（2）先验框的修改：由于藏文古籍字丁在宽高上的差异相比自然图像中的目标较小，故适用于检测自然界目标的先验框在尺寸大小、宽高比例上不适用于藏文古籍字丁，本书根据藏文古籍字丁的尺寸和宽高比的统计结果，选取出的先验框在特征图上的分布如表 6-1 所示，其中，从小到大的感受野分别旨在检测从小到大的藏文字丁。

表 6-1　先验框在特征图上的分布

特征图大小	先验框	感受野
60×12	（24，32）（28，40）（32，48）	大
120×24	（12，16）（14，20）（16，24）	中
240×48	（6，8）（7，10）（8，12）	小

（3）检测区域的修改：根据有关藏文古籍图像的先验知识可知，在藏文古籍图像边缘10%内的区域一般不存在藏文字丁，但在进行藏文字丁检测时，该部分区域也被计算在其中，这无疑加大了目标检测模型的计算量、降低了检测速度，故本书在藏文古籍图像输入模型之前将对其进行检测和区域裁剪，去除无效的图像区域，减少模型的计算量从而提高检测速度。

实验设置批次大小为4，学习率为0.001，训练轮数为10，并在前5轮冻结主干网络，其余设置同文献[82]。实验用的训练和验证数据集为4.7.2.2节的优化双字体数据集2，其是一种藏文古籍字丁增扩数据集，共6000张人工生成的藏文古籍图像样本，其中训练集和验证集的比例为9：1。实验用测试数据集为第四章所述的藏文古籍字丁半自动标注数据集，共20张真实的藏文古籍图像样本。训练集、验证集和测试集均作第五章第五节所示的跨域处理。实验硬件环境与第二章第二节相同。

第二节　实验结果与讨论

下面就测试集上的MAP、各类字丁上的AP（Average Precision）、藏文古籍字丁目标检测效果展示和对比等三方面分别进行介绍和讨论。

一、测试集上的MAP及讨论

在整个测试集上得到的MAP为21.34%，在各套古籍图像上的MAP见表6-2和图6-2所示。从该表，可见如下现象：

（1）较自然界图像中目标检测的MAP一般可达50%，此处MAP相对较低。

这是因为单张自然界图像中目标数、类别数一般较少，且目标较大，如COCO数据集[83]中的目标一般为人、自行车、猫、椅子、书本等，而单张藏文古籍图像中的字丁目标数、类别数一般较多，且目标较小，而多目标、多类别、小目标一直是目标检测领域中的难题。

（2）在各套藏文古籍之间，MAP差异大，如第5套古籍与第9套古籍之间的差异达到18.73%，前者约为后者的3.5倍。

这是因为各套藏文古籍之间的图像质量差异较大。图 6-3 是第 5 套第 1 页与第 9 套第 1 页在原图像上的对比，图 6-4 是它们在二值化图像上的对比。可见较第 5 套图像，第 9 套藏文古籍背景污染严重、整体曝光不足，且局部字迹腐蚀，其二值化图像上更是出现较多黑团，这些现象会影响字丁目标检测结果。

（3）在部分同一套古籍的两张图像之间，MAP 差异也较大，如第 4 套古籍的两张图像之间的差异达到 41.62%，其中高者为低者的二十多倍。

与现象（2）相似，这是因为该套古籍的两张图像质量差异较大。但是与现象（2）不同的是，在人眼看来，它们在原图像之间并无明显的质量差异（如图 6-5 所示），而在二值化图像之间存在较大差异（如图 6-6 所示）。由于输入到网络模型中的是经过第五章第五节所示的跨域处理后的二值化后的图像，所以二值化图像质量差异较大是现象（2）和（3）的根本原因。

表 6-2　藏文字丁目标检测的测试结果

测试图像序号	第 1 张图像的 MAP	第 2 张图像的 MAP	两张图像的 MAP
第 1 套古籍	20.65%	8.59%	12.93%
第 2 套古籍	26.54%	27.06%	26.97%
第 3 套古籍	12.45%	16.71%	13.83%
第 4 套古籍	1.78%	43.40%	20.98%
第 5 套古籍	25.39%	26.75%	26.27%
第 6 套古籍	12.23%	12.62%	12.11%
第 7 套古籍	23.79%	20.89%	19.96%
第 8 套古籍	27.32%	27.88%	25.25%
第 9 套古籍	8.03%	6.55%	7.54%
第 10 套古籍	31.57%	22.79%	25.45%

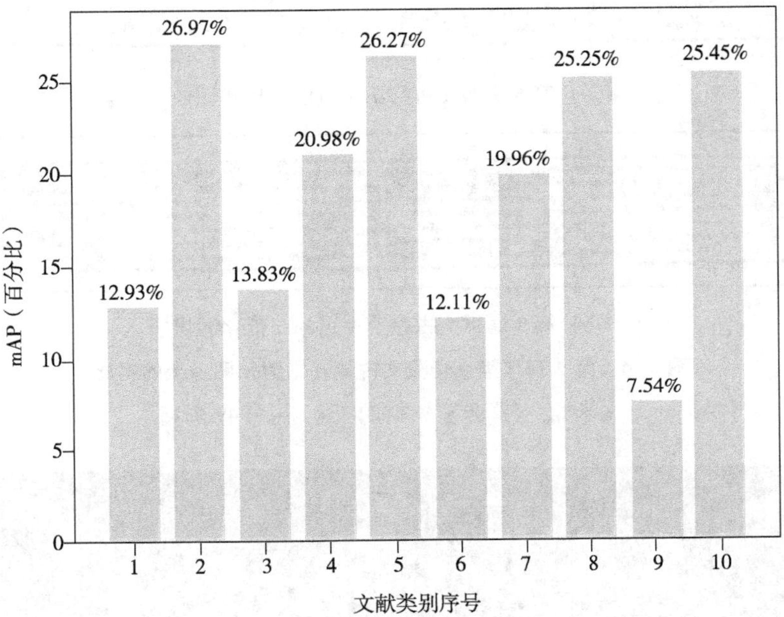

图 6-2　各套藏文古籍图像之间的 MAP 对比

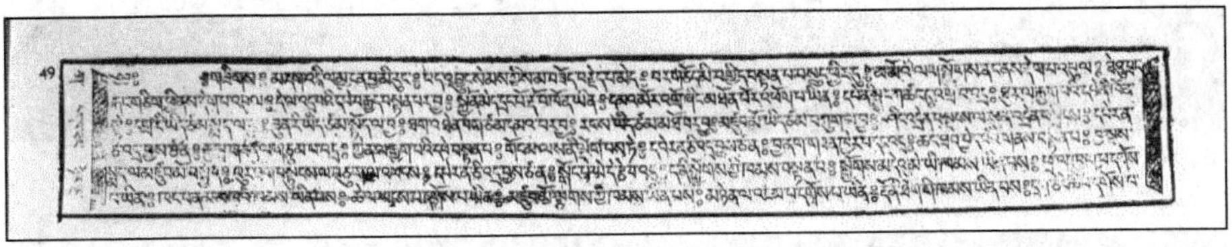

（a）第 5 套藏文古籍第 1 页的原图像（来源：《五部遗教》第 49 页）

（b）第 9 套藏文古籍第 1 页的原图像

（来源：《罗珠尖参文集》第 1 函第 49 页）

图 6-3　第 5 套与第 9 套藏文古籍在原图像上的对比

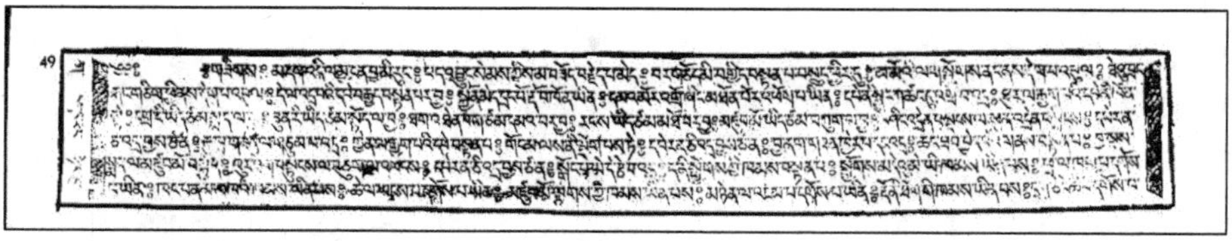

（a）第 5 套藏文古籍第 1 页的二值化图像

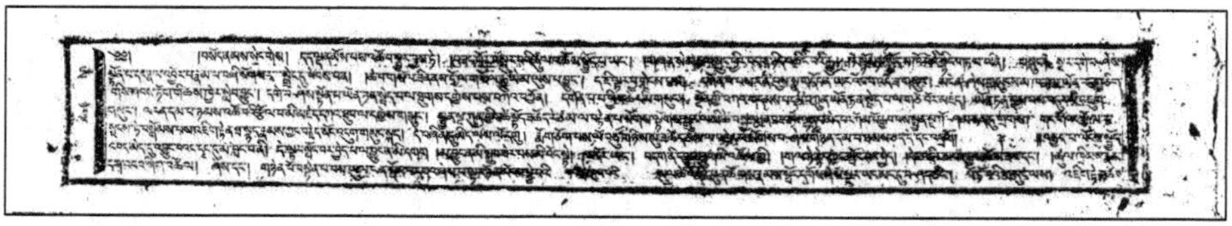

（b）第 9 套藏文古籍第 1 页的二值化图像

图 6-4　第 5 套与第 9 套藏文古籍在二值化图像上的对比

（来源：《罗珠尖参文集》第 1 函第 49 页）

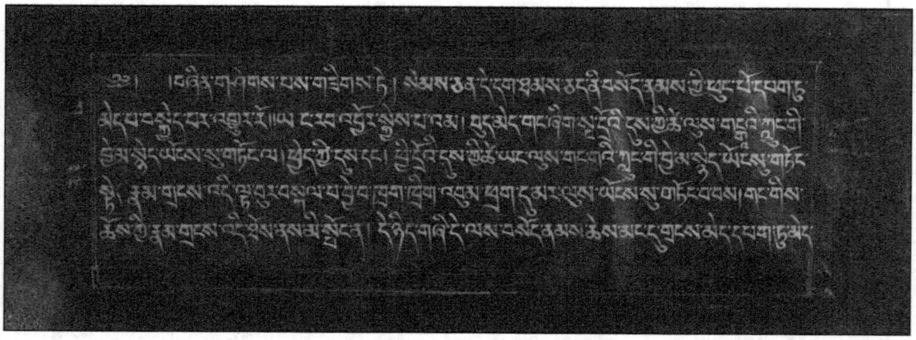

（a）第 1 页（来源：《金刚经》第 49 页）

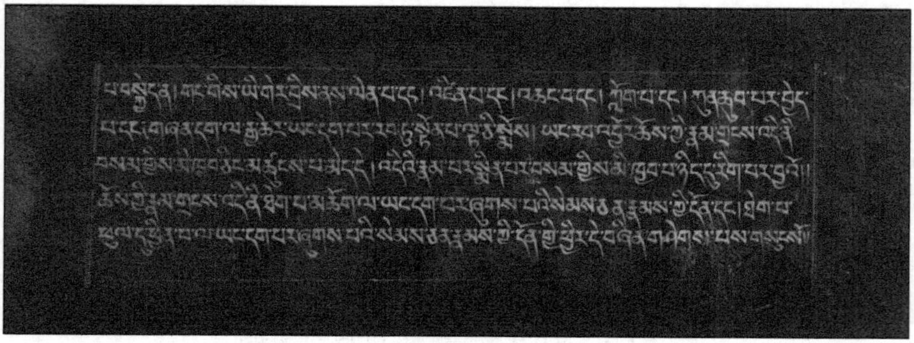

（b）第 2 页（来源：《金刚经》第 50 页）

图 6-5　第 4 套藏文古籍两页原图像的对比

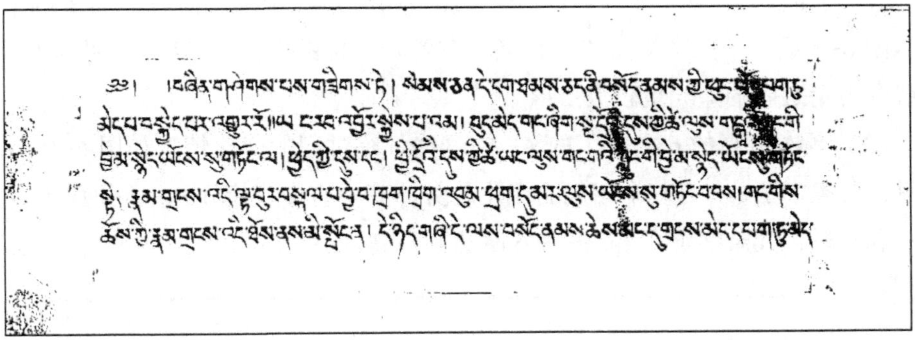

（a）第 1 页

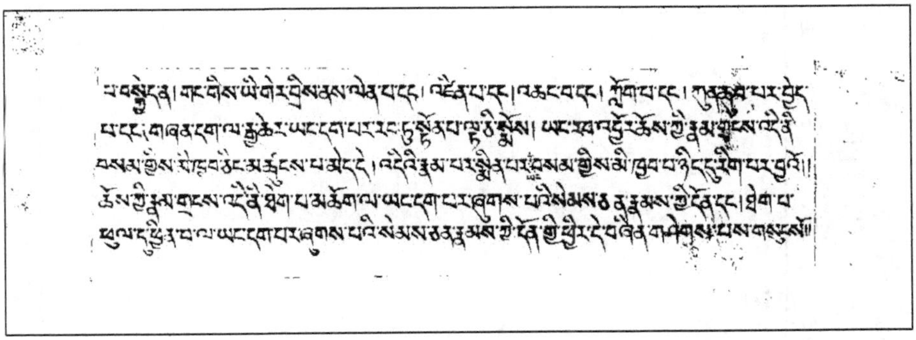

（b）第 2 页

图 6-6　第 4 套藏文古籍两页二值化图像的对比

二、各类字丁上的 AP 及讨论

在测试集中一共有 328 类字丁，在各类字丁上的测试结果如下：

（1）各类字丁的 AP 如图 6-7 所示，其中“藏文字丁排名”是指按各类字丁的 AP 大小降序的排名。可见，不同类字丁的 AP 存在较大差异。其中，AP 为 100%的字丁有ཀ、ཏྲུ、ཁྲ、ཐ、ཟླ、ཕ、ཀོ、ཏུ、ཛོ、ཚོ等 16 类，AP 为 0%的字丁有ཐྲ、ཐྲུ、མྲ、སྲུ、སྲུ、ས、ད、དུ、དེ、ཞ等 132 类。这是因为 AP 为 100%或 0%的字丁在测试集中出现的频次非常低（频次大多数为 1），使其 AP 受随机性影响比较大，例如，频次为 1 的字丁，如果被正确检测，则 AP 为 100%，如果被错误检测，则 AP 为 0%。

（2）数据集中频次超过 100 的各类字丁的 AP 见表 6-3。可见，各类字丁的

AP 之间差异较大，如字丁ས与字丁ད之间的差异为 47.55%，前者为后者的逾 10 倍。图 6-8 显示了频次最高的 6 类字丁在各套古籍图像上的 AP，可见这些字丁在各套古籍之间的差异也较大。

（3）频次最高的 6 类字丁的 AP 在网络训练过程的变化情况如图 6-9 所示。可见，各类字丁 AP 有基本相似的变化趋势，其中有 2 类字丁བ和ན分别在 epoch 为 7 和 9 时，其余字丁在 epoch 为 6 时达到最高。

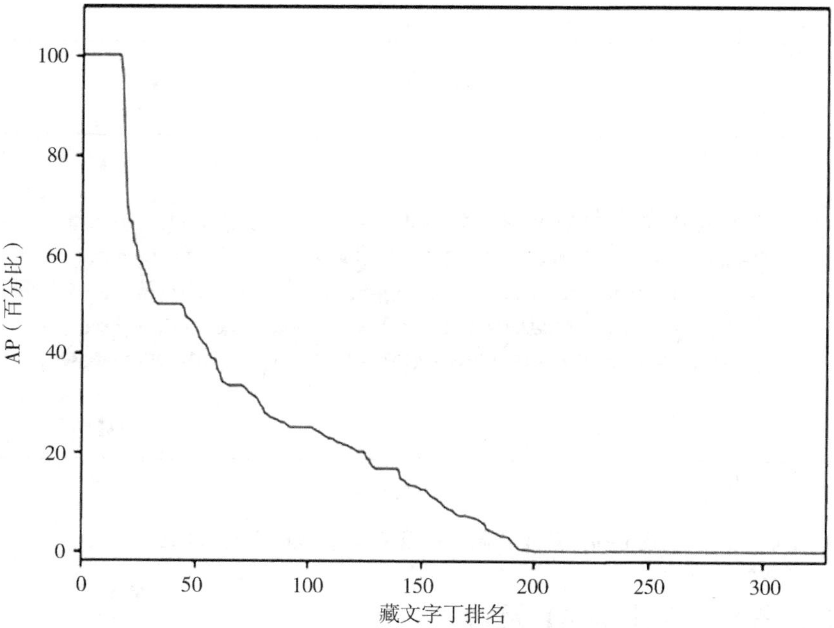

图 6-7　各类藏文字丁上 AP

表 6-3　数据集中频次超过 100 的所有字丁类别的 AP

字丁类别	频次	AP
ས	972	51.90%
བ	827	13.27%
ག	809	9.92%
ད	731	4.35%
ན	731	6.63%

续表

字丁类别	频次	AP
ང	612	5.69%
བ	552	13.10%
མ	542	34.00%
ར	433	16.90%
འ	407	31.31%
ཞ	353	21.89%
ཟ	190	2.96%
ཏ	156	25.35%
ཅ	117	11.08%

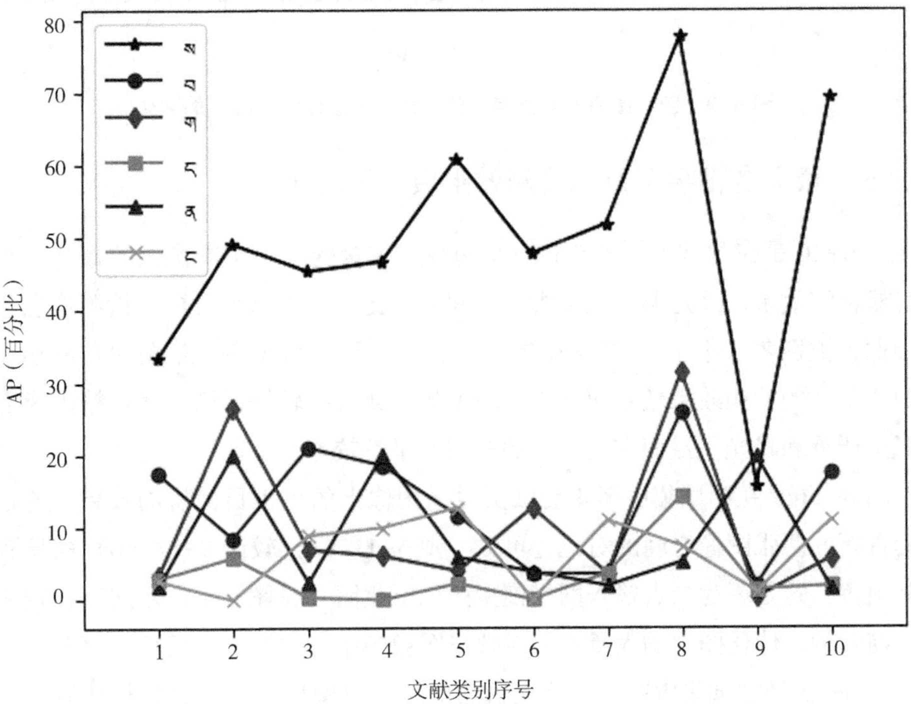

图 6-8　频次最高的 6 类字丁在各套文献中的 AP

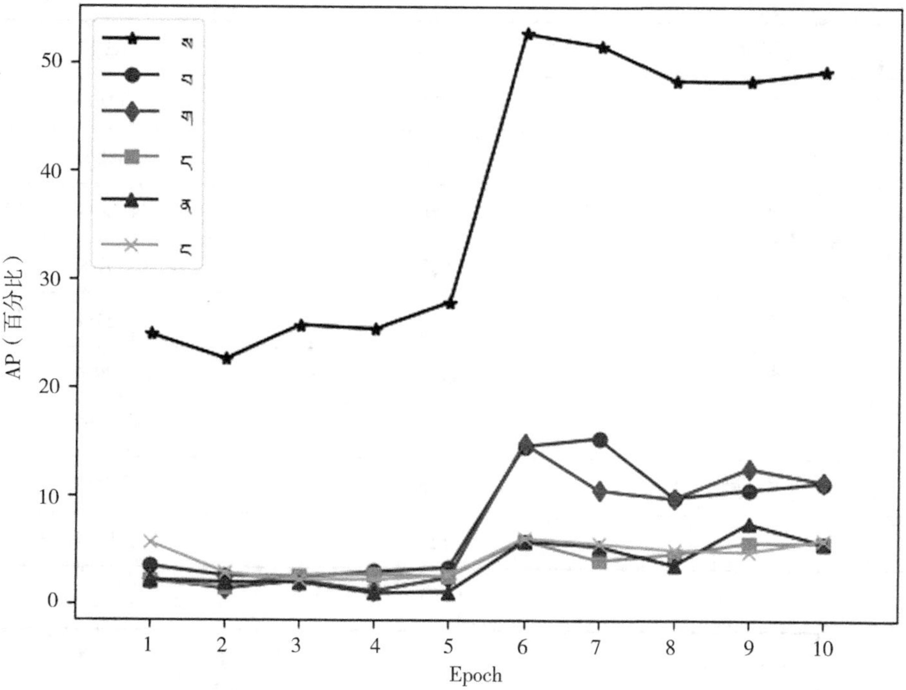

图 6-9　频次最高的 6 类字丁的 AP 在网络训练过程中的变化

三、藏文古籍字丁目标检测效果展示和对比

图 6-10 是在测试集中第 5 和第 9 套藏文古籍的第 1 页图像上的藏文古籍字丁目标检测效果，这是两套藏文古籍之间的对比，其中每个目标的检测信息包含字丁框、类别名（字丁）、置信度等三部分。可见，第 5 套古籍图像在两端字迹腐蚀严重处的检测效果较差而在中间段上的检测效果较好，第 9 套古籍图像因整体污染严重和曝光不足而在整页上的检测效果都较差。

图 6-11 是在测试集中第 4 套藏文古籍图像上的字丁目标检测效果，这是同一套古籍的两张图像之间的对比。可见，图 6-11（a）较图 6-11（b）的检测效果差很多，这是因为二者输入网络模型的二值化图（见图 6-6）之间存在较大差异，前者的二值化图中的大量墨团对整张图像中字丁的检测造成较大影响。

图 6-12 是测试集中第 6 套藏文古籍的第 1 页图像上字丁目标检测效果，展示了手写版藏文古籍图像上的情形。

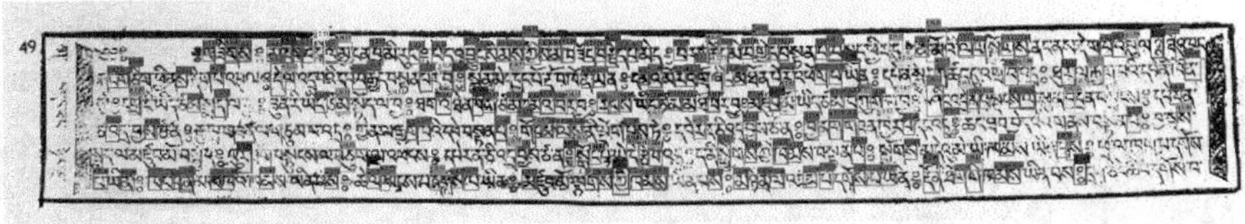

(a) 第 5 套图像的第 1 页全图

(b) 第 5 套图像的第 1 页左端字迹腐蚀严重处的放大图

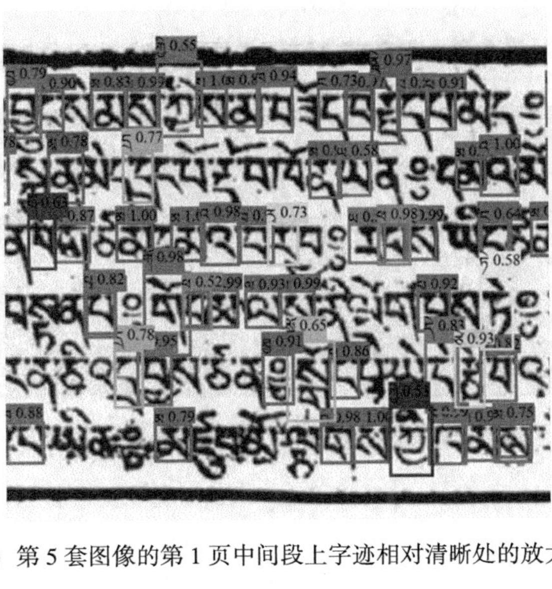

(c) 第 5 套图像的第 1 页中间段上字迹相对清晰处的放大图

（d）第 9 套图像的第 1 页全图

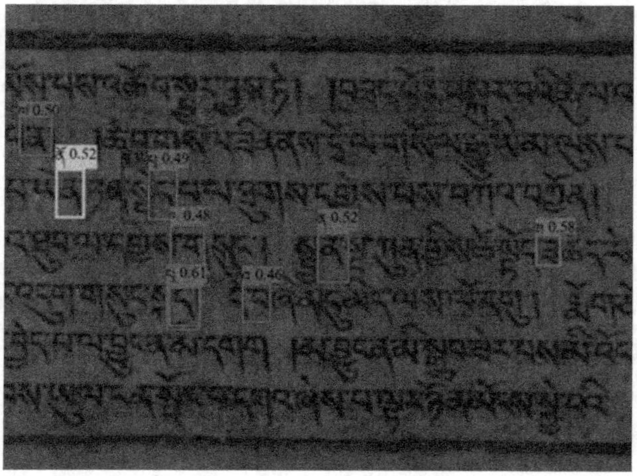

（e）第 9 套图像的第 1 页的局部放大图

图 6-10　第 5 和 9 套藏文古籍的第 1 页图像上的字丁目标检测效果

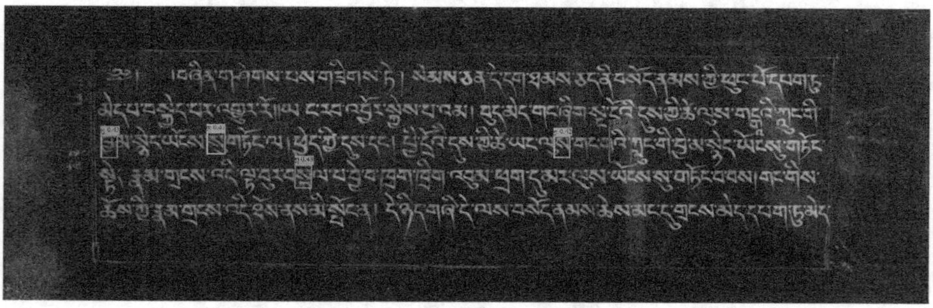

（a）第 1 页全图

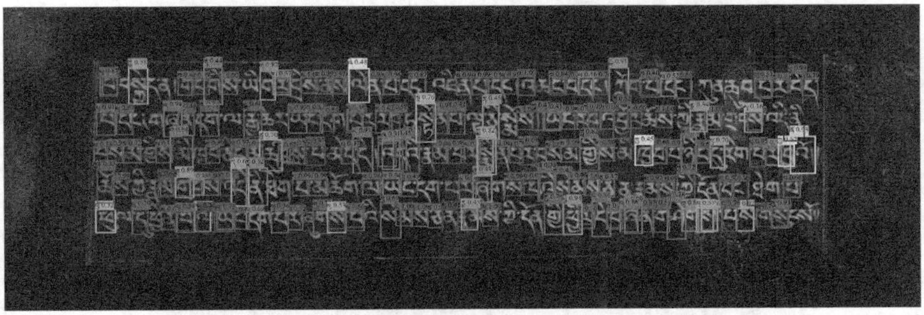

（b）第 2 页全图

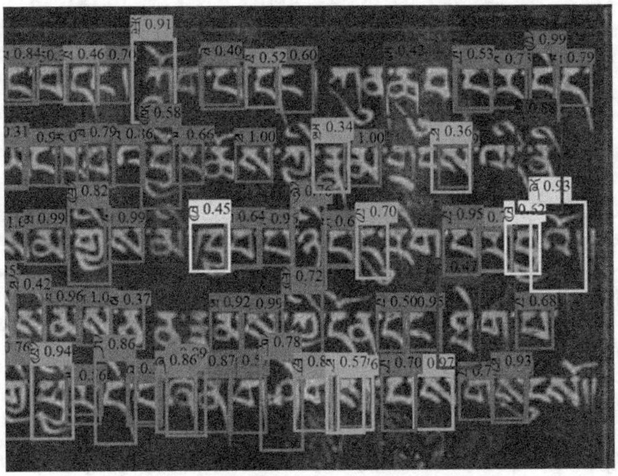

（c）第 2 页局部放大图

图 6–11　第 4 套藏文古籍图像上的字丁目标检测效果

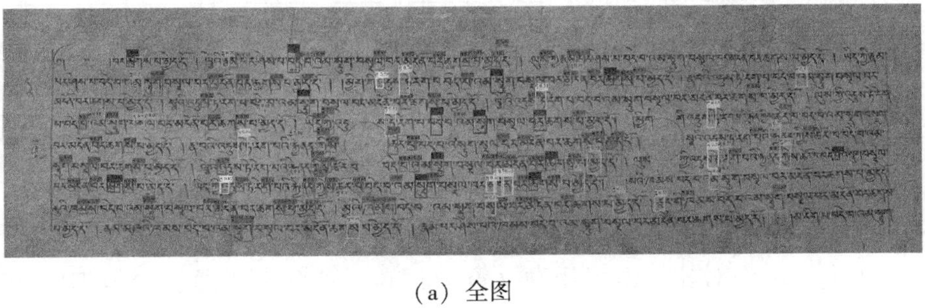

（a）全图

（被处理图像来源：《母经》第 11 函第 49 页）

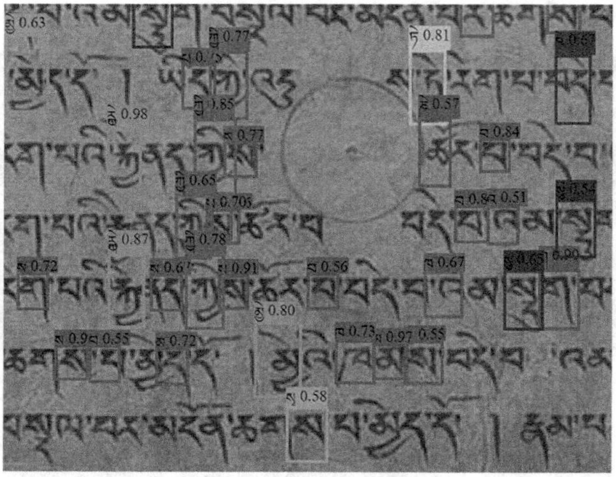

（b）局部放大图

图 6-12　第 6 套藏文古籍的第 1 页图像上的字丁目标检测效果

表 6-4　藏文字符识别效果对比

测试图像序号	Tesseract-OCR	本书方法	提升量
第 1 套图像	3.07%	7.47%	4.40%
第 2 套图像	7.79%	11.77%	3.98%
第 3 套图像	2.77%	10.18%	7.41%
第 4 套图像	10.68%	17.13%	6.45%
第 5 套图像	0%	14.59%	14.59%
第 6 套图像	4.75%	5.18%	0.43%
第 7 套图像	0	8.88%	8.88%
第 8 套图像	0	23.25%	23.25%
第 9 套图像	0	2.58%	2.58%
第 10 套图像	0	16.25%	16.25%

为了进一步作对比，本书用藏文翻译词典、藏汉翻译通、清华 TH-OCR、

Tesseract-OCR 等四个现有藏文字符识别软件[①]对测试集中图像进行了字丁识别。结果显示，前三个软件均无法识别测试集中任何字丁，第四个软件在各套图像上的平均识别准确率如表 6-4 所示。其中，为了便于直接对比，显示了本书字丁目标检测方法的字符识别准确率，其与 MAP 不同，是指在图像上检测到的正确字丁占总字丁数的比例；“提升量”是指本书方法较 Tesseract-OCR 在字符识别准确率上的差值。

可见，本书方法在测试集中各套图像上的表现均明显优于上述藏文字符识别软件。这也印证了藏文古籍图像全文检索无法直接采用基于光学字符识别技术的局限性，本书所采用的藏文字丁目标检测的方法是实现藏文古籍图像全文检索的一种有效探索。

① 这四个软件的网址分别为 http：//www. boddance. com、http：//www. oimao. cn、https：//www. uni-group. com. cn、https：//github. com/tesseract-ocr。

第七章　藏文古籍图像全文检索应用及优化示例

本章首先介绍藏文古籍图像全文检索技术应用示例，然后对藏文古籍全文检索技术改进作一些尝试，旨在抛砖引玉地为藏文古籍图像全文检索应用系统开发和进一步的技术研究提供有益参考。

第一节　藏文古籍图像全文检索应用示例

藏文古籍图像全文检索应用系统的工作原理如图 7-1 所示，用户输入藏文字丁，提交至数据库并从中检索出包含所输入藏文字丁的藏文古籍图像。其中，数据库中存储并管理藏文古籍图像数据和通过目标检测算法计算得到的藏文古籍字丁检测结果数据，这些数据是藏文古籍图像全文检索应用系统较传统检索应用系统的主要区别。在本应用示例中，采用 MongoDB 文档型数据库管理软件来存储和管理这些数据，其集合（Collection）设计如表 7-1 所示。其中，每页藏文古籍图像的基本信息（包括图像的文件路径、尺寸和所属的藏文古籍）和该页图像上的藏文字丁检测结果数据（包括该图像上的所有藏文字丁的类别、位置和置信度）被存储在一个数据库文档中。

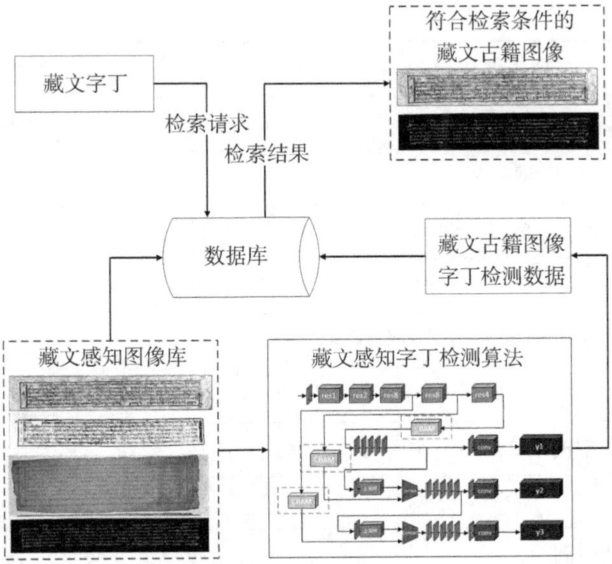

图 7-1　藏文古籍图像全文检索应用系统工作原理图

表 7-1　藏文古籍全文检索数据库设计

数据名称和含义	数据类型
ID：//藏文古籍图像标识	String
imgDir：//该藏文古籍图像文件的路径	String
worksID：//该藏文古籍图像所在古籍 ID	String
size：{//该藏文古籍图像尺寸	
w：//该藏文古籍图像宽	Integer
h：//该藏文古籍图像高	Integer
}	
charPosition：{//所有藏文字丁在该图像中的位置	
char1：[//在该图像中的第 1 种字丁	Array
{//该藏文字丁的第 1 个框的位置	
cx：//该藏文字丁框中心点在该图像中的 x 坐标	Integer
cy：//该藏文字丁框中心点在该图像中的 x 坐标	Integer

续表

数据名称和含义	数据类型
w：//该藏文字丁框的宽	Integer
h：//该藏文字丁框的高	Integer
conf：//该字丁目标置信度	Double
}	
……//该藏文字丁的第 2、3……个框的位置	
]	
……//在该图像中的第 2、3……种字丁	
}	
updatedAt：//更新时间	Date
createdAt：//创建时间	Date

图 7-2 是藏文古籍图像全文检索效果示例。其中，对不同字丁在图像中的位置和大小用不同颜色的背景框进行标识，图 7-3 是其局部放大图；由于篇幅限制，只展示了第一条检索结果。该背景框的大小和位置来源于数据库中藏文字丁检测结果数据。

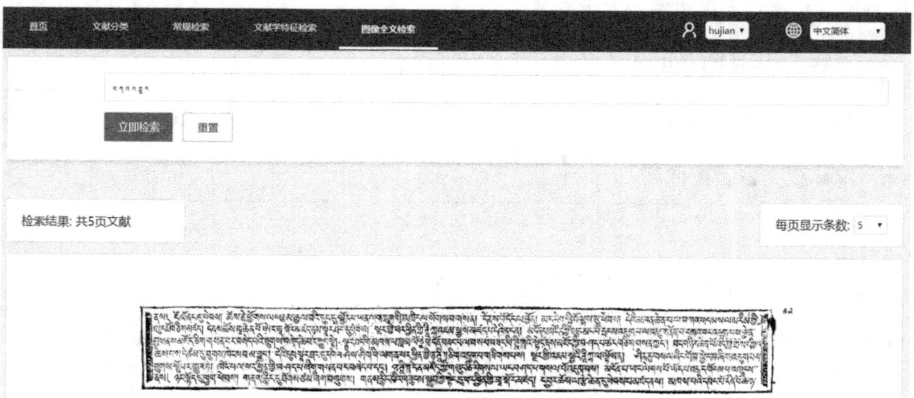

图 7-2　藏文古籍图像全文检索效果示例

（来源：《宗喀巴文集》第 1 函第 22 页）

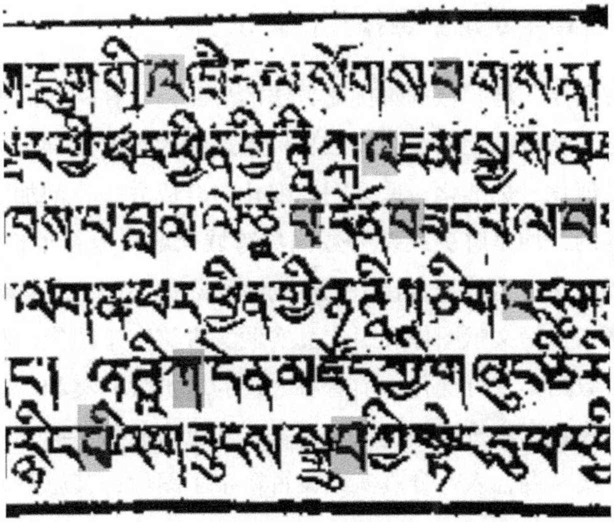

图 7-3　藏文古籍图像全文检索效果局部放大图

第二节　藏文古籍图像全文检索优化示例

丰富数据与提升算法是目前深度学习技术发展的两个重要视角，而藏文古籍图像全文检索在本质上是深度学习技术在藏文古籍字丁检测上的应用，因此，图 3-1 所示的“数据集建设”和“算法模型研究”是两个可优化的大方向，例如，加大数据集数量、提升数据集质量、设计新的目标检测算法等。笔者已在前面章节中在数据集数量和质量方面提出了一些优化方法：在第四章第二节中提出了一种藏文古籍字丁半自动标注数据集方法，缓解了全人工标注方法存在标注时间长和标注门槛高的问题；在第五章中，提出了一种藏文古籍字丁数据集增扩方法，解决了训练深度学习模型所需要的数据量问题，并在提升数据质量上做了一些尝试，包括在第五节中采用了灰度化、二值化、标准化等数据集跨域处理方法，在第六节中分析了图像变换与合成方式的影响，在第七节中分析了字体的影响。

下面先提出一种藏文古籍字丁增扩数据集优化方法，然后着重介绍在算法模型上的一些优化方法，以继续为藏文古籍图像全文检索优化提供示例。

一、藏文古籍字丁增扩数据集优化示例

本节藏文古籍字丁增扩数据集优化方法的思路是，在构建源域数据集时引入部分目标域数据，从根源上缩小源域和目标域之间的数据差异。这与第五章所采用的灰度化、二值化、标准化、取舍图像变化与合成方式、增加字体等方法在处理目的上是一样的，均是解决或缓解数据集跨域问题，但在处理方法上有不同。本节把部分真实藏文古籍数据直接引入待构建的数据集中。根据该优化思路，本节从引入真实藏文古籍文献图像和引入真实藏文古籍字丁图像两种不同粒度对藏文古籍字丁增扩数据集进行优化。前者将人造的增扩数据集和少量不用于测试的真实藏文古籍图像数据集按照一定比例混合，其思路如图 7-4 所示。后者在进行藏文字丁图像拼接时混合入部分真实藏文古籍字丁图像，其思路如图 7-7 所示。

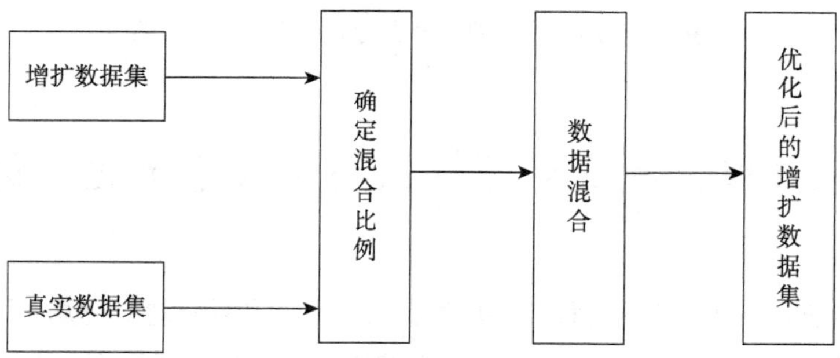

图 7-4　引入真实藏文古籍文献图像进行优化的流程图

在引入真实藏文古籍字丁图像的优化方法中，首先，从真实藏文古籍图像中采集背景图像作为增扩数据集图像的背景。然后，采集前景图像，即藏文字丁图像，该图像根据来源不同分为两类，一类为第五章第四节中由字体文件生成的藏文字丁图像，另一类为采集自藏文古籍的真实藏文古籍字丁图像。最后，将这两类藏文字丁图像进行颜色、旋转、缩放等形态学变换，并进行拼接和与真实藏文古籍背景图进行合成。在引入真实藏文古籍字丁图像进行优化前后的增扩数据集图像与目标域图像的对比效果如图 7-6 所示：优化前的增扩数据集图像图 7-6（a）与目标域图像图 7-6（c）之间存在显著差异，引入真实藏文古籍字丁图像进行优化后的图 7-6（b）与图 7-6（c）在字迹模糊、笔划缺失等特征上的差异被缩小，较图 7-6（a）更加贴近目标域图像。

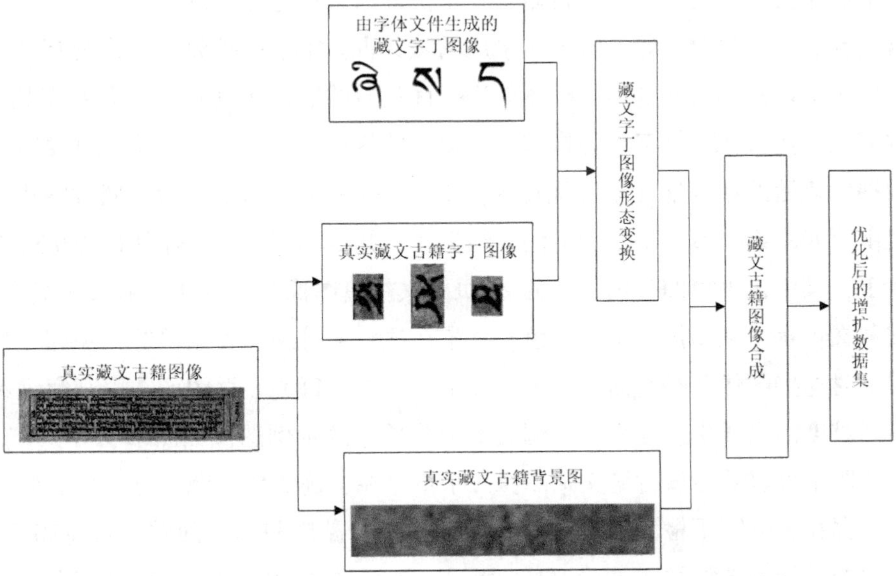

图 7-5　引入真实藏文古籍字丁图像进行优化的流程图

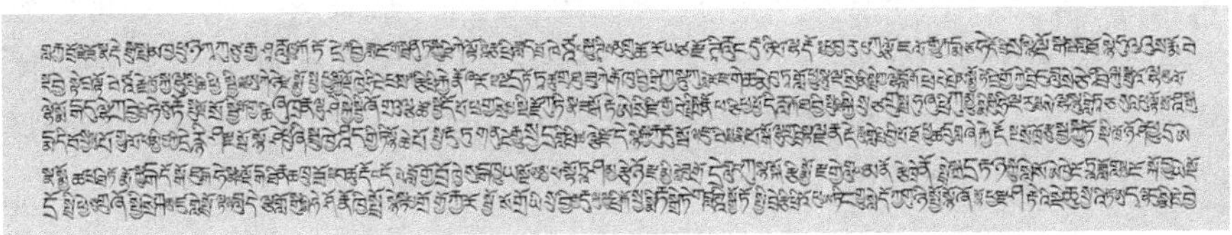

（a）优化前的增扩数据集图像样例

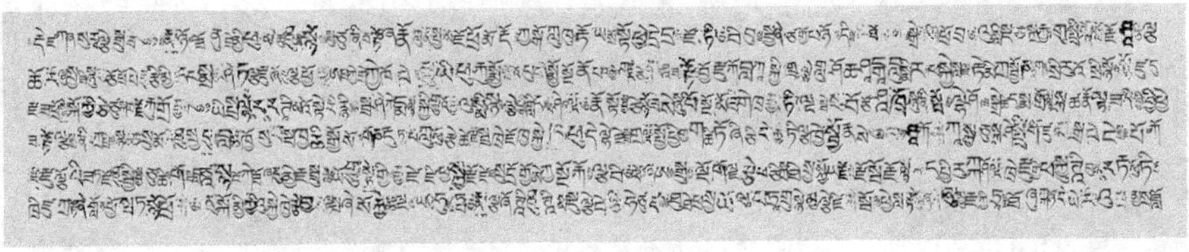

（b）优化后的增扩数据集图像样例

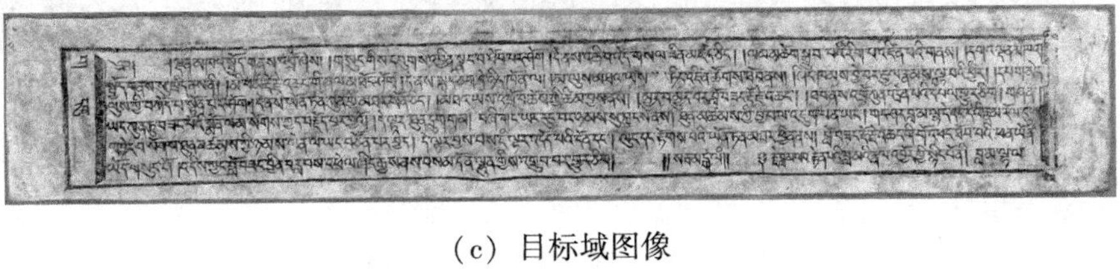

（c）目标域图像

（来源:《桑杰益西文集》第 1 函第 49 页）

图 7-6　引入真实藏文古籍字丁图像进行优化前后的样例对比

下面用实验验证两种藏文古籍字丁增扩数据集优化方法的效果。共设计一个基准实验和三个对照实验：基准实验用的藏文古籍字丁增扩数据集作为基准数据集；经过引入真实藏文古籍文献图像进行优化后的数据集（记为优化数据集 1）、经过引入真实藏文古籍字丁图像进行优化后的数据集（记为优化数据集 2）以及经两种优化后的数据集（记为优化数据集 3）等三个数据集作为对照数据集。测试集由第四章第二节的半自动标注方法生成，共 24 页藏文古籍图像、12834 个藏文字丁，其中包含第四章第二节的 20 页藏文古籍图像和另外 4 页藏文古籍图像，并按藏文古籍文献图像的字迹褪色、背景污损、字符黏连和遮挡等相关因素的不同程度对这些图像分类为简单、中等和困难三类，每类 8 页图像，以观察训练集在不同难度的测试集上的表现。测试集中简单类的示例图像如图 7-8 中（a）所示，从图中可以看出该古籍文献图像几乎不存在字迹褪色问题，全图仅右侧有两处地方存在影响字丁检测的背景污损问题，字符黏连和遮挡问题也可忽略不计；中等类的示例图像如图 7-8 中（b）所示，该图像的中间和右侧部分存在一定的字迹褪色问题，全图多处存在影响字丁检测的背景污损问题，字符黏连问题较为明显；困难类的示例图像如图 7-8 中（c）所示，该图像左侧和右侧部分字迹褪色问题十分严重，全图多处存在明显的背景污损问题，字符黏连和遮挡问题也十分普遍。实验其余配置同第六章第一节。

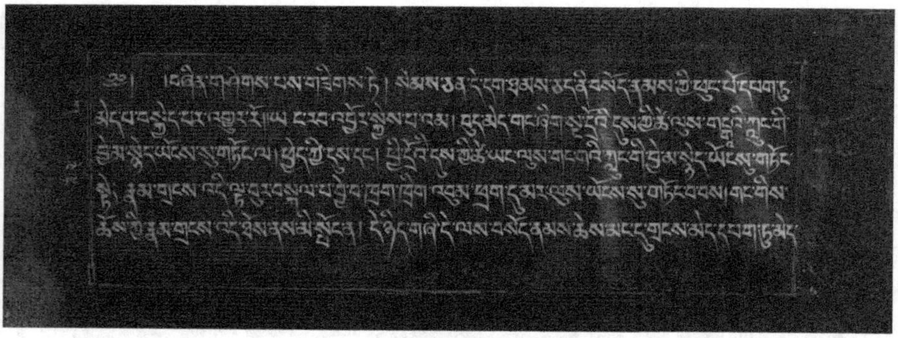

（a）藏文古籍文献图像（简单）

（来源：《金刚经》第 49 页）

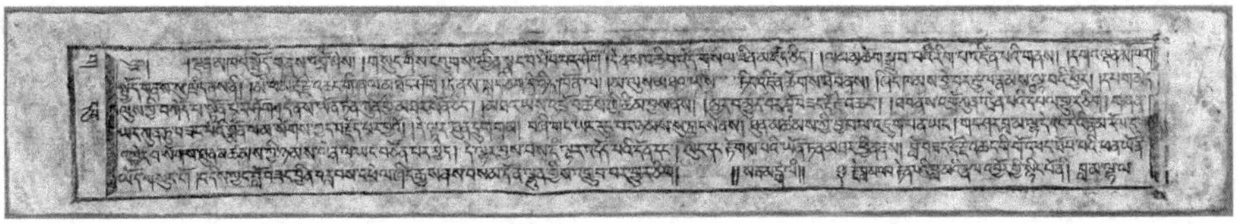

（b）藏文古籍文献图像（中等）

（来源：《桑杰益西文集》第 1 函第 49 页）

（c）藏文古籍文献图像（困难）

（来源：《罗珠尖参文集》第 1 函第 50 页）

图 7-7　测试集简单、中等和困难三类图像示例图

实验结果如表 7-2 所示：由优化数据集 1、优化数据集 2 所训练出来的模型相比由基准数据集所训练出来的模型在简单、中等、困难三类测试集上的测试结果均有提升，由融合两种优化方法生成的优化数据集 3 所训练出来的模型相比由只使用一种优化方法生成的优化数据集所训练出来的模型更好。这表明藏文古籍图像全文检索性能的提升在很大程度上可由训练集的优化来实现。

表 7-2　不同数据集训练出来的模型的测试结果

数据集	MAP		
	简单	中等	困难
基准数据集	36. 52%	18. 85%	11. 17%
优化数据集 1	62. 34%	39. 64%	19. 36%
优化数据集 2	44. 54%	25. 62%	13. 41%
优化数据集 3	67. 16%	44. 42%	24. 20%

二、算法模型优化示例

在藏文古籍字丁检测中，目标检测算法的选择和设置至关重要。本节将在第六章的基础上，根据藏文古籍字丁检测任务对 YOLOv3 在网络结构、损失函数、先验框进行优化或设置。

（一）YOLOv3 网络结构优化

为了增强 YOLOv3 对全局特征关系的捕捉能力，本节将在原始 YOLOv3 的基础上引入一种卷积块注意力模块（Convolutional Block Attention Module，简称 CBAM）[84]。CBAM 注意力机制模块结构如图 7-7 所示，其分为输入特征图、通道注意力模块（Channel Attention Module，简称 CAM）[85]、空间注意力模块（Spatial Attention Module，简称 SAM）[86]以及提纯特征图等四个部分，可以帮助网络从通道和空间两个维度对特征权重进行自适应调节。由于 YOLOv3 模型主干网络提取的特征是后面特征融合网络部分的基础数据，在此添加注意力机制模块可能会破坏主干网络部分的权重，从而导致主干网络提取出的特征不太适用于特征融合，故本节将注意力机制模块添加到特征融合网络部分。引入 CBAM 模块后的 YOLOv3 网络结构如图 7-8 所示，其中深色部分为 CBAM 模块。

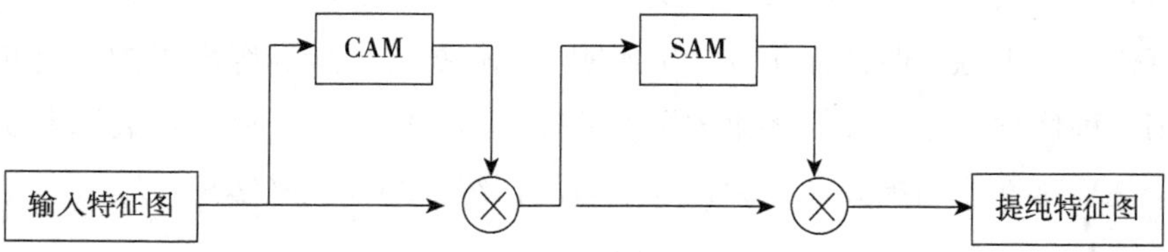

图 7-7　CBAM 注意力机制模块结构

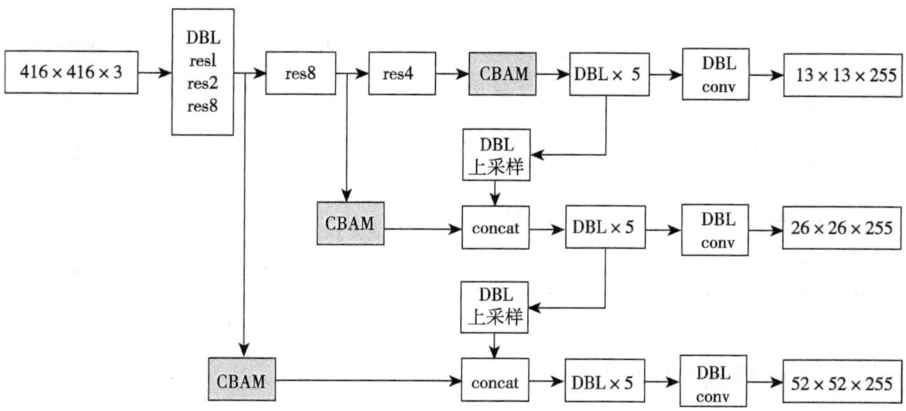

图 7-8　改进后的 YOLOv3 网络结构

（二）YOLOv3 损失函数优化

在藏文古籍字丁检测过程中存在正负样本不均衡以及难易样本不均衡问题，虽然 YOLOv3 模型中已经有一些应对措施，如通过阈值划分正负样本、采样设置等，但这些措施只能在一定程度上缓解正负样本不均衡和难易样本不均衡问题，对此本小节提出通过引入 Focal Loss 损失函数[87][88]来计算 YOLOv3 中置信度损失的方法来进一步缓解样本不均衡的问题。

原始 YOLOv3 模型中置信度损失部分的计算采用的是标准二分类交叉熵损失函数（Binary Cross Entropy Loss，简称 BCE），其原理是对目标检测模型输出的各个样本使用交叉熵函数进行计算求和，并且所有样本的权重都是一样的，如下式所示：

$$BCE=\begin{cases}-\log p, & y=1\\ -\log(1-p), & y=0\end{cases} \tag{7-1}$$

其中，$p\in[0, 1]$，p 代表模型输出类别概率，y 为类别标签，其取值为 0 或 1。

通过在标准二分类交叉熵损失函数前添加一个常数参数 α，即可改变损失计算过程中正负样本的损失权重，从而有效地缓解正负样本不均衡问题，则此时二分类交叉熵损失函数为：

$$BCE=\begin{cases}-\alpha\log p, & y=1\\ -(1-\alpha)\log(1-p), & y=0\end{cases} \tag{7-2}$$

藏文古籍字丁检测模型在损失计算过程中输出的预测框样本根据正、负、难、易四种分类标准可划分为正难样本、正易样本、负难样本以及负易样本。虽然通过在标准的二分类交叉熵损失函数前面添加一个常数参数 α 可有效地缓解正负样本的不均衡问题，但是依然无法解决难易样本数量不均衡问题。为此，Focal Loss 损失函数在式（7-1）基础上引入一个调制系数 $(1-p)^{\gamma}$，如下式所示：

$$FL=\begin{cases}-(1-p)^{\gamma}\log p, & y=1\\ -p^{\gamma}\log(1-p), & y=0\end{cases} \tag{7-3}$$

将分别针对正负样本、难易样本不均衡问题所提出的式（7-2）与式（7-3）进行合并，即可有效地缓解样本不平衡的问题，则最终的 Focal Loss 损失函数形式如下式所示：

$$FL=\begin{cases}-\alpha\ (1-p)^{\gamma}\log p,\ y=1\\-\ (1-\alpha)\ p^{\gamma}\log\ (1-p),\ y=0\end{cases}\tag{7-4}$$

将式（7-4）应用于藏文古籍字丁检测模型对预测框的置信度损失计算中，则 YOLOv3 模型优化后的损失函数如下式所示：

$$\begin{aligned}Loss=&\lambda_{coord}\sum_{i=0}^{S^2}\sum_{j=0}^{B}I_{ij}^{obj}\left[(x_{ij}-\hat{x}_{ij})^2+(y_{ij}-\hat{y}_{ij})^2\right]\\&+\lambda_{coord}\sum_{i=0}^{S^2}\sum_{j=0}^{B}I_{ij}^{obj}\left[\left(\sqrt{w_{ij}}-\sqrt{\hat{w}_{ij}}\right)^2+\left(\sqrt{h_{ij}}-\sqrt{h_{ij}}\right)^2\right]\\&-\sum_{i=0}^{S^2}\sum_{j=0}^{B}I_{ij}^{obj}\left[\alpha\ (1-C_{ij})^{\gamma}\ \hat{C}_{ij}\log\ (C_{ij})\ +\ (1-\alpha)\ (C_{ij})^{\gamma}\ (1-\hat{C}_{ij})\ \log\ (1-C_{ij})\right]\\&-\lambda_{noobj}\sum_{i=0}^{S^2}\sum_{j=0}^{B}I_{ij}^{noobj}\left[\alpha\ (1-C_{ij})^{\gamma}\ \hat{C}_{ij}\log\ (C_{ij})\ +\ (1-\alpha)\ (C_{ij})^{\gamma}\ (1-\hat{C}_{ij})\ \log\ (1-C_{ij})\right]\\&-\sum_{i=0}^{S^2}I_{ij}^{obj}\sum_{c\in class}\left[\hat{P}_{ij}\log\ (P_{ij})\ +\ (1-\hat{P}_{ij})\ \log\ (1-P_{ij})\right]\end{aligned}\tag{7-5}$$

（三）先验框设置优化

原始 YOLOv3 算法采用 K-means 算法[80][89]获取先验框尺寸，但该算法在聚类过程中存在对聚类中心初始值选取依赖较大的问题，针对该问题本节将广泛使用的 K-means++算法[90]—[92]作为 YOLOv3 算法获取先验框尺寸，以解决因先验框初始聚类中心不佳而导致最终先验框聚类效果差的问题。

在初始聚类中心的选取方面，K-means++算法不再采用随机采样的选取方式，而是根据样本点与其他初始聚类中心的距离来确定，距离越远概率越大，从而使 K 个初始聚类中心更加分散，进而解决聚类效果过于依赖初始值的问题。算法流程如下：

（1）在输入的数据集中随机挑取一个样本点作为第一个初始化的聚类中心；

（2）对于数据集中的每一个点 x，计算其与最近的聚类中心之间的距离 $D\ (x)$并保存在一个数组里，然后把这些距离加起来求和 $Sum\ (D\ (x)\ )$；

（3）在［0，$sum\ (D\ (x)\ )$］的区间中随机选一个值 $random$，若存在样本点 x，使得 $random-D\ (x)\ <0$，则 x 就是下一个聚类中心；

（4）重复（2）和（3）步骤，直到 K 个聚类中心被选出来；

（5）利用这 K 个初始聚类中心运行 K-means 算法。

本书通过基于K-means++的先验框聚类算法对藏文古籍字丁数据集中藏文字丁的尺寸大小进行聚类，最终聚类选取出的先验框尺寸在三个特征图上的分布如表 7-3 所示。

表 7-3　先验框在特征图上的分布

特征图大小	先验框	感受野
60×12	（36，16）（23，36）（22，45）	大
120×24	（13，27）（29，17）（22，30）	中
240×48	（12，16）（21，12）（19，24）	小

（四）实　验

为了验证前三节的改进点是否有效，本小节以文献[82]的 YOLOv3 模型作为基准实验，以按照前文进行适应性修改的模型作为对照实验。其中，Focal Loss 损失函数的常数参数 α 为 0.75，调制系数$(1-p)^{\gamma}$的 γ 参数为 2；输入图像尺寸设置为 384×1920，以更加符合藏文古籍的真实尺寸，有助于提高模型的检测效果；Epoch、批次大小、学习率分别设置为 10、4、0.001；测试集同前文中的测试集，训练集、验证集来自于前文优化数据集 3，训练集和验证集的比例为 9∶1；实验其余配置同第六章第一节。为了方便，下面将修改网络结构后的模型记为 YOLOv3-CBAM，将修改损失函数后的模型记为 YOLOv3-FL，将修改先验框设置后的模型记为 YOLOv3-K++，将融合三个修改点的模型记为YOLOv3-KCF。

藏文古籍字丁检测模型训练、验证的损失变化如图 7-9 所示，其中实线为训练损失变化曲线，虚线为验证损失变化曲线。从图中可以看出，随着迭代次数的增加，训练损失和验证损失也在大幅度减小，损失的变化趋势逐渐变小，即模型逐渐收敛。

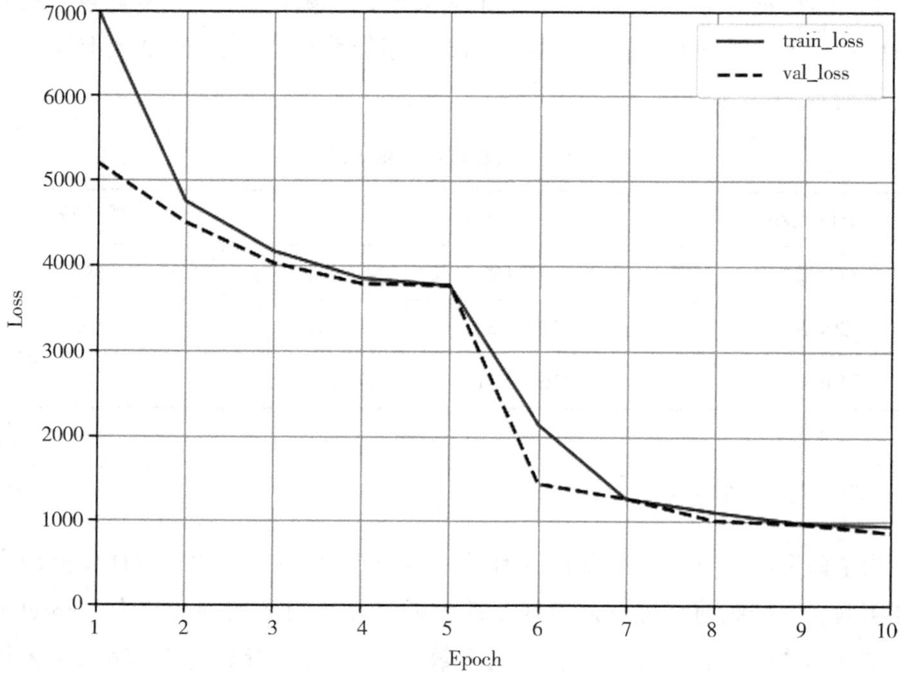

图 7-9　YOLOv3-KCF 模型训练及验证损失变化

藏文古籍字丁检测模型的测试结果选取 MAP 作为评价指标。测试结果如表 7-4所示，三个改进点对藏文古籍字丁检测算法均有效，且融合三个改进点后的检测算法藏文古籍字丁检测效果更佳。

表 7-4　YOLOv3 改进算法的测试结果

算法	MAP		
	简单	中等	困难
YOLOv3	67.16%	44.42%	24.20%
YOLOv3-CBAM	68.89%	47.01%	25.28%
YOLOv3-FL	68.69%	48.62%	27.44%
YOLOv3-K++	77.03%	54.61%	29.80%
YOLOv3-KCF	80.23%	57.90%	31.94%

图 7-10 是一张简单类的藏文古籍图像输入到 YOLOv3-KCF 模型中所得到的检测结果，显示几乎不存在藏文字丁的漏检问题，检测效果较好。图 7-11 是其细节图，显示了每个目标信息的字丁框、类别名（字丁）、置信度。

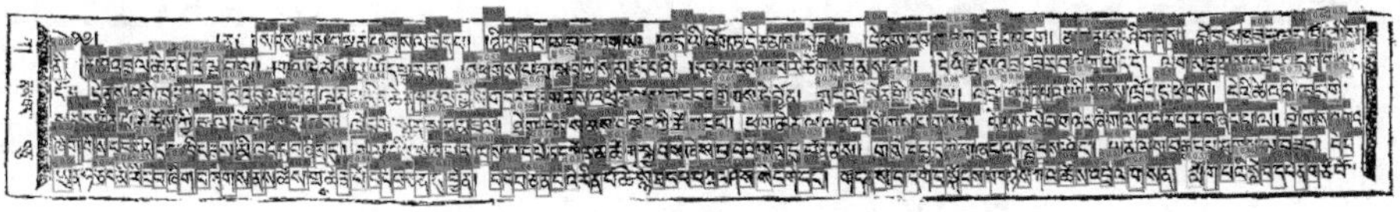

图 7-10　简单类的藏文古籍图像检测结果

（被处理图像来源：《宗喀巴文集》第 1 函第 19 页）

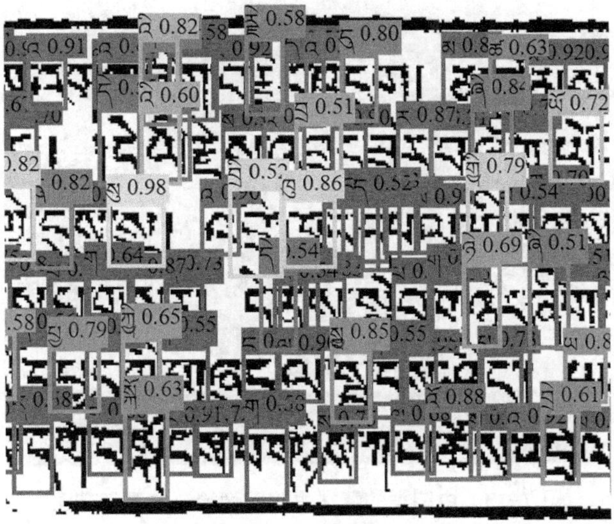

图 7-11　简单类的藏文古籍图像检测结果细节图

（被处理图像来源：《桑杰益西文集》第一函第 49 页）

图 7-12 是一张中等类的藏文古籍图像输入到 YOLOv3-KCF 模型中所得到的检测结果，显示在有字迹褪色问题的图像中间部分的检测效果较差。图 7-13 是其细节图。

图 7-12　中等类的藏文古籍图像检测结果

（被处理图像来源：《桑杰益西文集》第 1 函第 49 页）

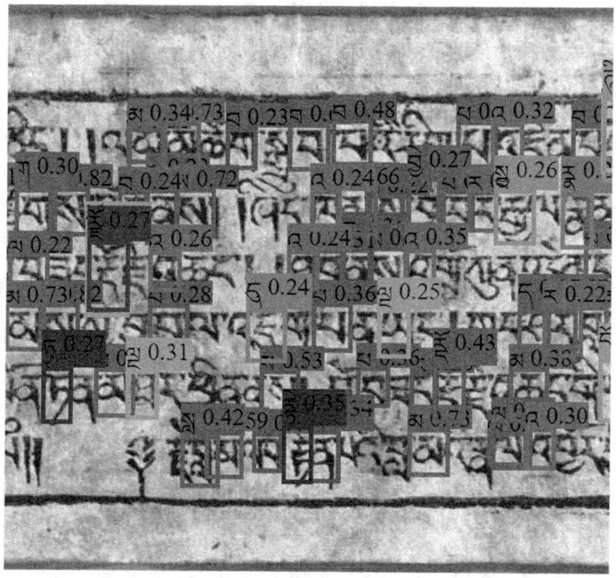

图 7-13　中等类的藏文古籍图像检测结果细节图

图 7-14 是一张困难类的藏文古籍图像输入到 YOLOv3-KCF 模型中所得到的检测结果，显示出检测效果较差。图 7-15 是其细节图，显示藏文古籍字丁检测效果差的区域和字迹褪色严重区、字符黏连区存在高度重合。

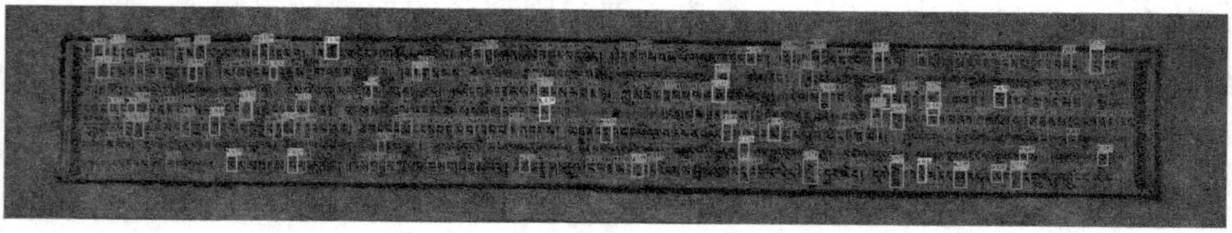

图 7-14　困难类的真实藏文古籍图像检测结果

（被处理图像来源：《罗珠尖参文集》第 1 函第 50 页）

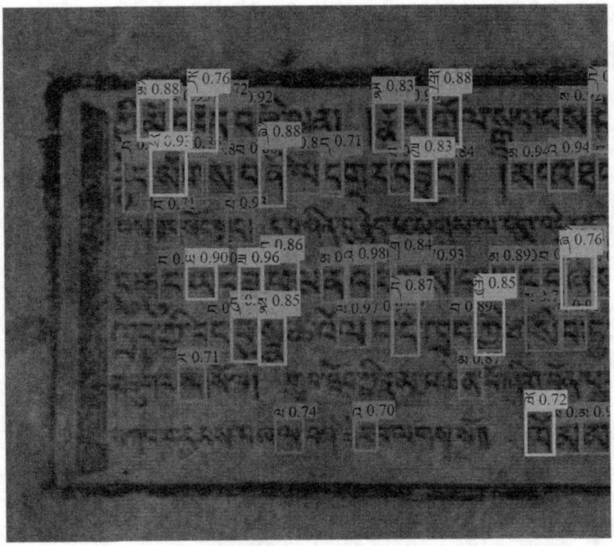

图 7-15　困难类的真实藏文古籍图像检测结果细节图

第三篇　藏文古籍文献学特征检索

文献载体、印制方式、装帧形式、墨种、字体，甚至污损程度、残缺程度等，称为文献学特征。其和文献内容一起因被广泛用于对文献特点、功能、类型、生产、分布、发展规律和文献发展历史等文献学研究中而被文献学研究者重点关注。

然而，据我们调研，虽然古籍数据库平台在古籍数字化潮流下取得了显著发展，如籍合网、书同文古籍数据库、爱如生典海数字平台、国学迷、大英图书馆（British Library）、美国历史文档（America's Historical Documents）、阿拉伯文在线收藏（Arabic Collections Online）等①，再如与藏文古籍数据库平台相关的佛教数字资源中心（Buddhist Digital Resource Center）、西藏和喜马拉雅图书馆（Tibetan and Himalayan Library）、数字喜马拉雅项目（Digital Himalaya Project）、藏文古籍藏版目录查询网等，但是除了籍合网、大英图书馆和佛教数字资源中心，可在其检索框中输入特定的版式关键词进行检索古籍外，鲜见有文献学特征检索功能，且未见任何平台实现如表 III-1 举例所示的藏文古籍文献学特征检索，更未见多种藏文古籍文献学特征的组合检索。究其原因，文献学特征的文字描述信息很难著录入数据库，这些平台缺乏关于文献学特征的文字信息。对上述文献学特征的辨识需要藏文古籍文献学专业知识，且较难定性定量、准确地用文字描述；而且，这些特征总是组合出现，相互影响，体现出多样性和复杂性，这更是加大了

---

① 籍合网、书同文古籍数据库、爱如生典海数字平台、国学迷、大英图书馆、美国历史文档、阿拉伯文在线收藏的官方网址分别为 http：//www.ancientbooks.cn/、http：//guji.unihan.com.cn/、http：//dh.ersjk.com/、http：//www.guoxuemi.com/、https：//www.bl.uk/、https：//www.archives.gov/historical-docs、https：//dlib.nyu.edu/aco/。

对文献学特征的文字描述难度；在古籍数字化背景下，数据库古籍数量的迅速增长使得该问题因需大量人力而更为明显。

表 III-1 目前缺失的藏文古籍文献学特征检索举例①

<table>
<tr><td>版式信息</td><td>例如无法检索如下手写版和木刻版的版式差异信息：
手写版一页：
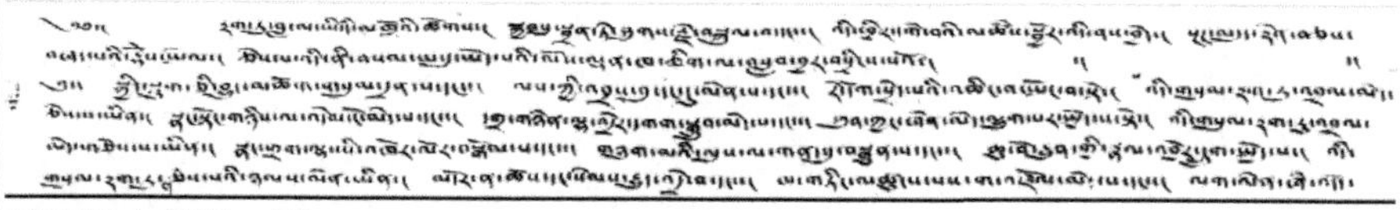
对应的木刻版一页：
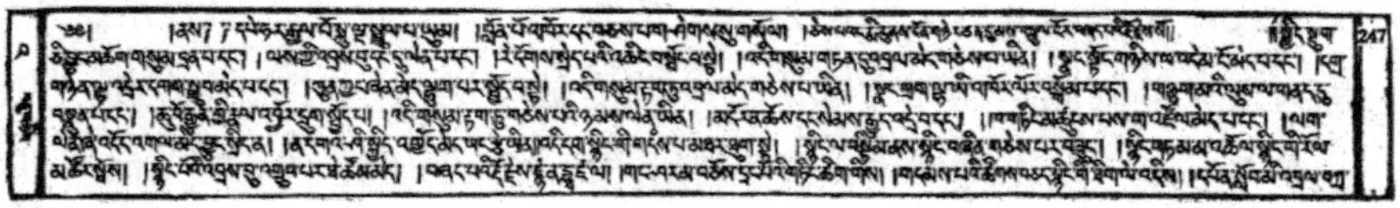</td></tr>
<tr><td>墨种信息</td><td>例如无法获取如下一页中的黑与红二色信息：
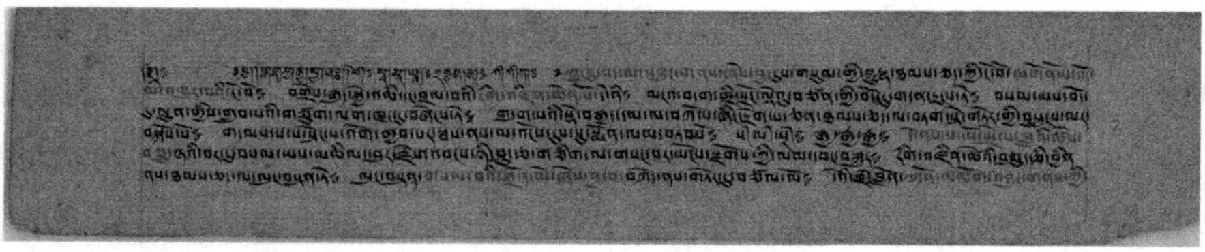</td></tr>
</table>

那么，能否用基于元数据的检索方法之外的新方法实现文献学特征检索呢？本篇通过分析藏文古籍文献学特征的外在体现，认为藏文古籍经过高分辨率数字化成像后，其文献学特征的外在体现被很好地保留在数字图像中。受基于内容的图像检索（Content-based image retrieval，简称 CBIR）技术[93]—[95]的启发，本篇介绍一种新的文献学特征检索思路：用算法而非人工来提取文献学特征，用古籍模板图像而非关键词来表示文献学特征检索需求。该新方法不仅可解决上述基于元数据的检索方法中的问题，而且可检索出更广泛、更细致的文献学特征。

研究思路如图 III-1 所示，与藏文古籍图像全文检索类似，分为“数据集建设”和“算法模型研究”两部分。其中，数据集建设是指基于藏文古籍图像数据，构建与每张图像对应的、由人工标注纸张质地、墨种、版式等文献学特征的

① 表中的文献图像来源从上到下依次为：手写版《协本多杰文集》第 4 函第 15 页，木刻版《协本多杰文集》第 3 函第 247 页，《大师冉那林巴传》第 12 函第 2 页。

数据，其被用于训练、测试算法模型，是算法模型研究的数据基础。在算法模型研究中，引入并应用现有的 CBIR 技术：首先，建立藏文文献学特征数据集，然后通过现有的 CBIR 技术在此数据集上的性能表现，验证本篇所提文献学特征检索新方法的有效性，最后探索新方法的改进方向。

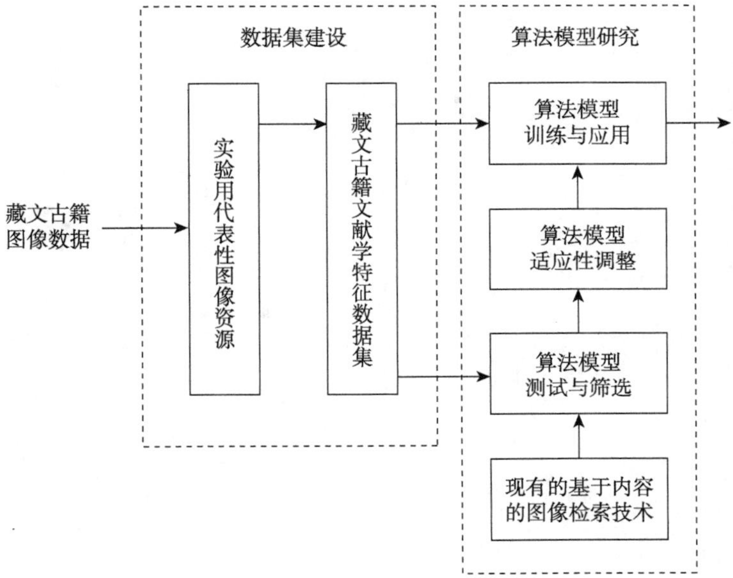

图 III-1　藏文古籍文献学特征检索研究思路

在内容结构上，包括如下两章：

第八章，基于 CBIR 的藏文古籍文献学特征检索：介绍文献学特征的外在表现，提出基于 CBIR 技术的文献学特征检索方法，并构建数据集，验证现有代表性 CBIR 技术在藏文古籍文献学特征检索中的特征提取和特征匹配性能。

第九章，藏文古籍文献学特征检索应用和优化示例：以具体的应用和优化示例，展示藏文古籍文献学特征检索效果，并提出一些关于技术改进的思考。

第八章　基于 CBIR 的藏文古籍文献学特征检索

文献学特征有很好的外在体现，例如载体特征可体现为由载体质地决定的颜色和纹理等，印制方式特征可体现为由印制过程所决定的版纹、着墨深浅、色彩层次、边框轮廓等，装帧形式特征可体现为幅面大小、页面布局、装帧痕迹等。藏文古籍的文献学特征主要包括纸张质地、版式、墨种等特征，其中：

一是，藏文古籍以梵夹装为主，其纸张有贝叶纸、汉地纸、藏纸等三种[41]。藏文古籍的纸张质地特征主要体现为颜色和纹理：纸张原料种类比较丰富，有麻、构皮、瑞香植物（瑞香属、结香属、狼毒属）等植物，经采料、浸泡、砸根、撕料、煮料、洗涤、捣浆、浇造、晾晒、揭纸、打磨、染色等流程[96]，最终体现为以黑、白色为主，以黄、蓝、紫等为辅的颜色，并辅以材质纹理。

二是，藏文古籍主要有手写版和木刻版两大类版式。藏文古籍的版式特征主要体现为字体、版框线等形式：手写版的藏文古籍有乌金体、乌梅体等，木刻版基本上是乌金体；木刻版的页面排版方式有一定的统一性[41]，且一般有矩形版框线，而手写版可无版框线。

三是，藏文古籍的墨种是指书写材料。由于物质条件不同，藏文古籍书写运用了不同材料，如墨汁、银粉、海螺粉、金粉，有的第一排用金粉、第二排用银粉、第三排用海螺粉，还有的用由几种材料共同调制混合而成的材料[41]。藏文古籍的墨种特征主要体现为字迹和插图的颜色。

这些文献学特征的外在体现，在古籍经过高分辨率数字化成像后，被很好地保留在数字图像中，这为把 CBIR 技术引入文献学特征检索奠定了事理基础。本章首先介绍基于 CBIR 的藏文古籍文献学特征检索框架，并和现有的基于关键词的藏文古籍文献学特征检索框架进行对比；然后介绍具体的藏文古籍文献学特征数据集建设，这不仅是藏文古籍文献学特征样例，也是后续研究 CBIR 算法的数据基础；最后在代表性的 CBIR 算法上验证藏文古籍文献学特征检索性能。

第一节　基于 CBIR 的藏文古籍文献学特征检索框架

CBIR 技术是计算机视觉领域的分支，其通过提取图像的色彩、纹理、目标外形等特征，对图像间的特征信息进行相似度计算，实现图像检索。在典型的 CBIR 系统中，用户输入模板图像，以查找具有相同或相似内容的其他图像，即“以图搜图”。目前，CBIR 技术已被广泛应用于计算机视觉的多个领域，例如帮助顾客找到自己喜欢的商品[97]，防止商标的知识产权受到侵害[98]，帮助医生更有效地进行疾病诊断[99]。

引入 CBIR 技术到藏文古籍文献学特征检索后的整体框架如图 8-1 所示，主要有文献学特征数据集构建、模型训练、文献学特征提取和特征匹配等关键步骤，最终实现输入一张藏文古籍图像作为模板在藏文古籍图像库中查找具有相同或相似文献学特征内容的其他图像的功能。

其中，文献学特征数据集是指能充分体现藏文古籍文献学特征的图像数据集，是验证 CBIR 技术所提取特征与藏文古籍文献学特征之间映射关系的依据，也是用于研究特征提取算法的数据基础。文献学特征提取方法主要解决如何用向量有效地描述藏文古籍图像文献学特征的问题，这和其他 CBIR 技术一样，有基于人工设计特征和基于深度学习模型两类方法。经过文献学特征提取后，每张图像均被特征向量描述。把藏文古籍图像库中图像的特征向量存入藏文古籍文献学特征库，把描述模板图像的文献学特征向量与藏文古籍文献学特征库进行匹配，按匹配程度排序返回藏文古籍图像数据库中的图像作为检索结果。其中，特征匹配是指特征向量之间的相似度计算，例如可采用曼哈顿距离、余弦距离。

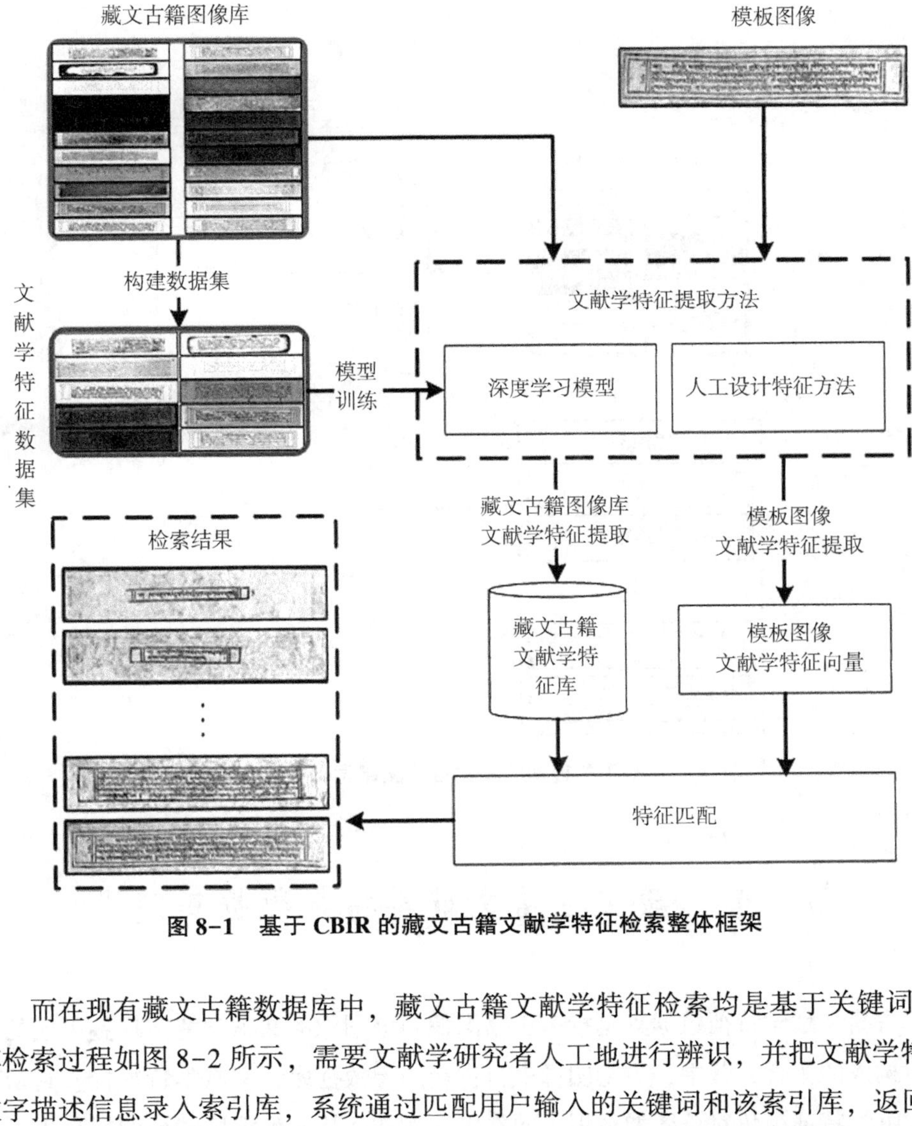

图 8-1　基于 CBIR 的藏文古籍文献学特征检索整体框架

而在现有藏文古籍数据库中，藏文古籍文献学特征检索均是基于关键词的，其检索过程如图 8-2 所示，需要文献学研究者人工地进行辨识，并把文献学特征文字描述信息录入索引库，系统通过匹配用户输入的关键词和该索引库，返回查询结果。可见，基于 CBIR 的藏文古籍文献学特征检索较基于关键词的藏文古籍文献学特征检索有很大不同：前者用算法而非人工来提取文献学特征，用模板图像而非关键词来表示文献学特征检索需求，用特征向量匹配而非关键词匹配检索出图像。故，基于 CBIR 的藏文古籍文献学特征检索有望解决现有藏文古籍数据库辨识和著录文献学特征需要专业能力、大量人力和缺乏定量标准的问题。

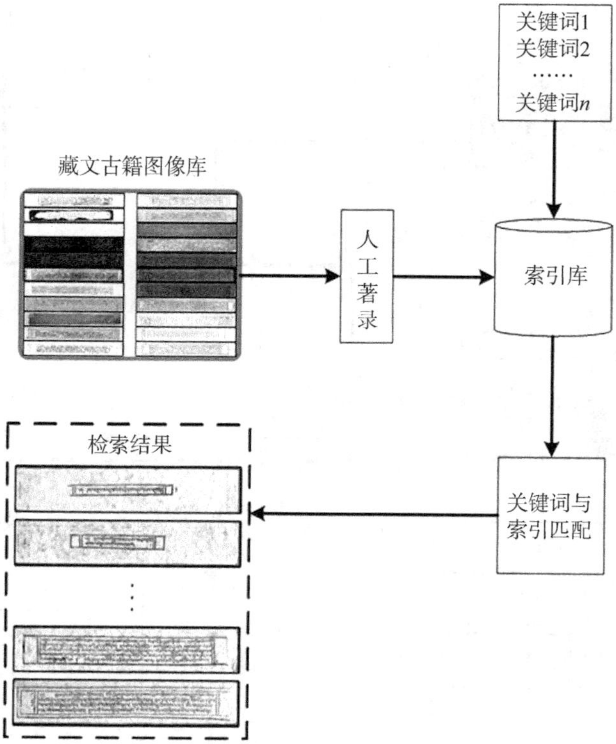

图 8-2　基于关键词的藏文古籍文献学特征检索框架

第二节　藏文古籍文献学特征数据集建设

古籍文献学特征数据集是指由古籍图像与该图像的文献学特征标签组成的数据对构成的集合，其中，古籍图像来自古籍图像数据库，文献学特征标签是从某一文献学特征视角对该图像辨识出的类别，例如：从文献载体特征的视角进行辨识，汉文古籍可有甲骨、金石、简牍、缣帛、麻纸、罗纹纸等类别；从文献印制方式特征的视角进行辨识，汉文古籍可有雕版印刷、活字印刷、套版印刷等类别。由于文献学特征数据集将被用于研究文献学特征提取算法，包括评测算法性能和用于训练基于深度学习技术的算法，所以文献学特征数据集的每一类别中的图像数量一般需要达到近百张，且类别间的数量要均衡。

本章对第二章第一节所搜集的藏文古籍图像作如下筛选和处理，分别从纸张质地、墨种、版式文献学特征视角构建藏文古籍纸张特征数据集、墨种特征数据集、版式特征数据集：

（1）针对藏文古籍图像有 JPG、TIF 和 PNG 等文件格式，且图像颜色空间和位深不一的问题，统一为位深为 24、RGB 三通道的 JPG 文件格式。

（2）从纸张文献学特征视角选择白底、黑底、褐底、黄底、黄黑底、浅粉底、白黑底等 7 个类别，各类别 3 套藏文古籍；从墨种文献学特征视角选择黑字、白字、黄字、红字、黑字、黑字红字（表示既有黑色字也有红色字）等 5 个类别，各类别 3 套藏文古籍；从版式文献学特征视角选择手写版、木刻版等 2 个类别，各类别 10 套藏文古籍。图 8-3 和图 8-4 是一些类别样例。

（3）对上述各套图像进行检查，删除其中的版面占用率低的图像，使得所选图像都要明显符合其所属类别所示特征。

（4）各套古籍之间的图像数相差较大，有失数据均衡，为了兼顾图像数量较少的藏文古籍，确定每套古籍下的图像数量为 50 张。

由于古籍的丰富性和文献学特征的复杂性，上述数据集中的类别只是在笔者现有藏文古籍图像条件下的整理结果，并不能包括所有藏文古籍图像下的情形。但是，这些类别仍然具有较好的代表性，可供更为广泛的古籍文献学特征数据集建设提供有益参考。

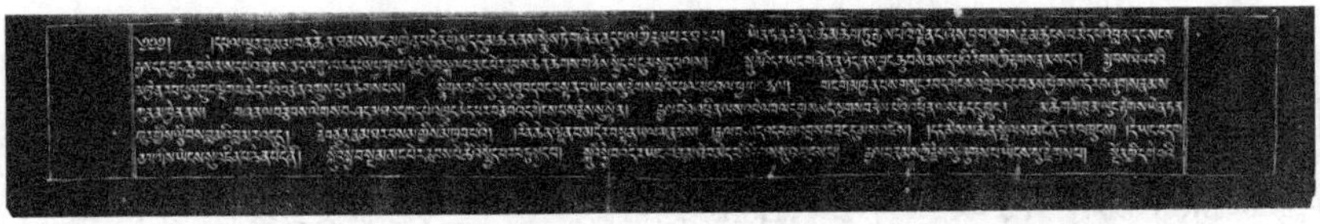

图 8-3　数据集样例之一：同属黑底类别、白字类别、手写版类别

（来源：《管・宣奴贝传记》第 2 页）

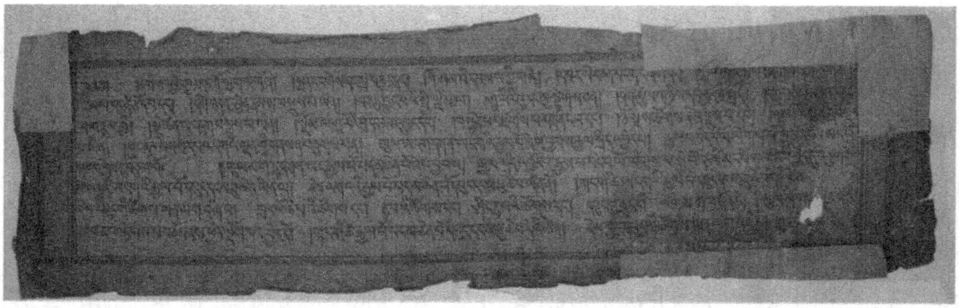

图 8-4　数据集样例之二：同属褐底类别、红字类别、木刻版类别

（来源：《甘珠尔·律部》第 1 函第 2 页）

第三节　实　验

一、实验设计

为了较全面地验证 CBIR 的藏文古籍文献学特征检索整体框架的有效性，实验在文献学特征提取算法上既选取传统算法，也选取较为新颖的深度学习算法，具体包括如下 7 种代表性算法：颜色直方图算法（记为 Histogram 算法）[100]、Gabor 算法[101]、Daisy 算法[102]、边缘方向直方图算法（记为 Edge 算法）[103]、方向梯度直方图算法（记为 HOG 算法）[104]、VGGNet 模型[105]和 ResNet 模型[106]。这些算法思想简介如下：

（1）Histogram 算法将直方图作为特征描述子，统计图像各通道某一段像素空间的像素点个数，构成一个颜色直方图数组。它是表达颜色特征最常用的方法，其优点是不受图像的旋转和平移影响。

（2）Gabor 算法利用 Gabor 核对图像进行卷积来提取纹理特征。其中，纹理是一种反映图像中同质现象的视觉特征，体现物体表面的具有缓慢变化或周期性变化的表面结构组织排列属性；Gabor 核是由复调和函数调制的高斯核。

（3）Daisy 算法利用高斯卷积进行梯度方向直方图的分块汇聚，即利用高斯卷积的方法对梯度直方图加权进行 DAISY 特征描述符（一种局部特征描述符）的提取。

（4）Edge 算法包括图像分割和计算图像块边缘方向直方图两部分。前者把图像划分图像块，后者使用 45°、135°、垂直、水平和非方向五种边缘方向作为描述子对各图像块的边缘方向信息进行提取并构成特征向量。图像分割的目的是将边缘方向定位在确定的区域，图像块边缘方向直方图横坐标是边缘方向信息的特征向量，纵坐标是对应向量中每个边缘方向的统计个数。

（5）HOG 算法首先将图像分解若干图像块，每个图像块中有若干矩形或环形的小图像块单元；然后计算每个单元的方向梯度直方图，将同一图像块内的所有单元的直方图连接起来形成该图像块的方向梯度直方图特征，并对其进行归一化；最后将图像所有图像块的特征描述连接起来得到整张图像的方向梯度直方图特征[107]。

（6）VGGNet 模型利用多个卷积层对图像进行特征提取。其中，卷积层采用 3×3 较小的卷积核，小卷积核可在层数增加时减小卷积层的参数数量，与大卷积核相比相当于增加了正则化，层数增加带来了更强的非线性，使模型的判别能力更强。在全连接层中采用 dropout 层，以防止过拟合。

（7）ResNet 模型相比于 VGGNet 和其他网络模型，通过短路机制加入残差单元较好地解决了网络加深带来的网络退化问题。

为了评测各算法在整个测试数据集上的效果，评价指标采用 MMAP（Mean Mean Average Precision）[108]，其评价阈值设置为模板图像所在类的图像数。VGGNet 和 ResNet 把数据集分为训练、验证和测试数据集，其中，同一套古籍内的不同图像由于相互之间具有相似的文献学特征，只能被同时划分到训练、验证和测试数据集之一；受文献套数的影响，训练、验证和测试数据集中的各类别中的文献套数在纸张数据集分别为 1、1、1，在墨种数据集中分别为 1、1、1，在版式数据集中分别为 6、2、2；为减少数据量对算法的影响，采用交叉验证方法。为了观察在不同文献下的表现，Histogram、Gabor、Daisy、Edge 算法采用上述交叉验证方法下的不同测试数据集进行多次测试。

实验中为保证算法对比的公平性和公开性，算法代码和设置同文献[109]。其中，在 Histogram 算法中，直方图数为 12，切片数为 3；在 Gabor 算法中，切片数为 2，滤波器个数为 4，频率为（0.1，0.5，0.8），Gabor 核的标准偏差为（1、3、5），带宽为（0.3、0.7、1）；在 Daisy 算法中，切片数为 2，步长为 10，半径为 30，环数为 2，直方图数为 8，方向数为 8；在 Edge 算法中，切片数为 10，步长为（1、1）；在 HOG 算法中，直方图数为 10，切片数为 6，方向数为 8，单元数为（1、1），单元大小为（2、2）；VGGNet 和 ResNet 分别采用 VGG19 和 ResNet152 网络结构，分别把输入图像的高宽统一缩放为 224×224 和 396×1920，均采用在 ImageNet 数据集分类任务上得到的预训练模型进行迁移学习，采用 Adam 优化器，经验证集调整后的轮数、批大小、学习率、权重衰减分别设置为 10、5、1e-5、5e-4，avg 为特征提取层。在相似度计算中，Histogram、Daisy、HOG、VGGNet 和 ResNet 采用曼哈顿距离，Gabor 和 Edge 采用余弦距离。

实验环境中的硬件、操作系统和编程语言同第六章第一节。

二、实验结果与分析

为了方便后面对比讨论，表 8-1 给出了文献[109]在 MMAP 指标上的实验结果，其采用的是自然界图像数据集，包含 25 个类、共 500 张图像，各类有 20 张图像。可见，在自然界图像数据集上，按 MMAP 从高到低顺序，依次是 ResNet、VGGNet、Histogram、Gabor、HOG、Edge 和 Daisy 算法。这说明在自然界图像数据集上，深度学习方法较传统方法更优。

表 8-1　各算法自然界图像数据集上的实验结果

算法	MMAP
Histogram	0.614
Gabor	0.468
Daisy	0.301
Edge	0.346
HOG	0.450
VGGNet	0.914
ResNet	**0.944**

表 8-2 至表 8-4 为各算法在第八章第二节所构建的藏文古籍文献学特征数据集上的实验结果，其中各项指标结果为交叉验证所得的均值和标准差，同时已将其中的最优结果加粗显示。

其中，在纸张数据集上的实验结果如表 8-2 所示：

（1）Histogram 算法最优，其 MMAP 值达到 0.997。与表 8-1 所示的实验结果对比，Histogram 算法在藏文古籍纸张数据集上比在自然界图像数据集上表现更优，这是由于 Histogram 算法中的图像颜色属性可以很好地表达藏文古籍的纸张特征。

（2）深度学习模型 VGGNet 和 ResNet 的 MMAP 值分别达到 0.948 和 0.993，虽然与它们在自然界图像数据集上的 MMAP 值相比并没有太大变化，但差于 Histogram 算法。这表明藏文纸张颜色特征较深度学习模型提取的抽象特征更能表达纸张特征。

（3）基于纹理的 Gabor 算法表现较好，其 MMAP 值为 0.899。这是由于纸张数据集中的藏文古籍图像也有纹理信息，这些纹理信息在一定程度上表达纸张特征。

（4）基于形状特征的 Daisy、Edge 和 HOG 算法在 MMAP 上都不太理想，特别是 Edge 算法只有 0.234。这是因为纸张数据集中的图像关注的是纸张特征，比如纸张颜色、纸张纹理等，而这些特征不能很好地被形状特征表示。

（5）从平均耗时来看，取得了最优 MMAP 值的 Histogram 算法付出了相对中等的时间代价。VGGNet 耗时最少，ResNet 比 VGGNet 耗时多，这是因为 ResNet 网络结构比 VGGNet 更深。由于耗时主要与模型、图像数量和实验平台有关，因此算法在其余数据集上的耗时与纸张数据集基本相同，下面就不赘述。

表 8-2　纸张数据集上的实验结果

算法	MMAP		平均耗时（秒）	
	均值	标准差	特征提取	特征匹配
Histogram	**0.997**	**0.001**	1.04E+00	1.21E-03
Gabor	0.899	0.039	3.02E+01	4.59E-03
Daisy	0.858	0.015	6.87E+00	1.03E-03
Edge	0.234	0.019	1.62E+01	4.36E-03
HOG	0.895	0.018	2.57E+00	**9.46E-04**
VGGNet	0.948	0.026	**1.74E-02**	9.85E-04
ResNet	0.993	0.006	8.71E-02	1.23E-03

在墨种数据集上的实验结果如表 8-2 所示：在 MMAP 上，ResNet 算法最优，其次是 Histogram、VGGNet 和 Gabor 算法，然后依次是基于形状的 Daisy、HOG 和 Edge 算法。深度学习模型 ResNet 和 VGGNet 表现均很好，这表明卷积神经网络能够很好地提取藏文古籍图像中的墨种特征。ResNet 比 VGGNet 更好，这是因为 ResNet 的网络卷积层更深，同时加入残差块，缓解了神经网络结构加深时出现的退化现象。由于墨种主要具有颜色属性，而且一张藏文古籍图像上的墨种颜色一般较为单一，所以 Histogram 算法有很好的表现。

将表 8-2 与表 8-1 对比，可发现除 Edge 外的所有算法均在藏文古籍图像墨种数据集上的 MMAP 值相比在自然界图像数据集上的有所提高。这是因为藏文古籍图像墨种数据集的类别数少于自然界图像数据集的类别数，检索难度较低。

表 8-3　墨种数据集上的实验结果

算法	MMAP		平均耗时（秒）	
	均值	标准差	特征提取	特征匹配
Histogram	0.987	**0.006**	1.15E+00	1.73E-03
Gabor	0.939	0.040	3.26E+01	6.57E-03
Daisy	0.932	0.057	7.55E+00	1.47E-03
Edge	0.263	0.036	1.81E+01	6.26E-03
HOG	0.910	0.043	2.83E+00	**1.35E-03**
VGGNet	0.984	0.008	**1.83E-02**	1.58E-03
ResNet	**0.991**	**0.006**	9.48E-02	1.63E-03

在版式数据集上的实验结果如表 8-3 所示，在 MMAP 上，ResNet 算法仍为最优，算法优劣顺序基本与表 8-1 一致。

表 8-4　版式数据集上的实验结果

算法	MMAP		平均耗时（秒）	
	均值	标准差	特征提取	特征匹配
Histogram	0.802	0.032	1.03E+00	1.48E-03

续表

算法	MMAP		平均耗时（秒）	
	均值	标准差	特征提取	特征匹配
Gabor	0. 735	0. 030	3. 88E+01	5. 78E-03
Daisy	0. 806	0. 032	6. 25E+00	1. 27E-03
Edge	0. 530	**0. 021**	1. 59E+01	5. 36E-03
HOG	0. 813	0. 033	2. 60E+00	**1. 12E-03**
VGGNet	0. 779	0. 031	**4. 24E-02**	1. 15E-03
ResNet	**0. 928**	0. 099	1. 06E-01	1. 33E-03

综合表 8-2 至表 8-4 的实验结果，可见 ResNet 在全部数据集上的 MMAP 指标均达到 90%以上，较其他算法取得了最优结果；VGGNet、Histogram 在其中两个数据集上的 MMAP 也达到 90%以上，取得了较好结果。这说明 CBIR 技术中的部分算法应用在藏文古籍文献学特征检索上的有效性。

第九章　藏文古籍文献学特征检索应用和优化示例

本章将基于上一章所选择的藏文古籍文献学特征提取算法，构建藏文古籍文献学特征检索原型系统，然后对藏文古籍文献学特征检索技术优化作一些尝试。本章是关于应用和技术优化的一些示例，旨在抛砖引玉式地为藏文古籍文献学特征检索应用系统开发和技术的进一步研究提供有益参考。

第一节　藏文古籍文献学特征检索应用示例

藏文古籍文献学特征检索应用系统的工作原理如图 8-1 所示，与已有的 CBIR 应用系统的主要区别在于对藏文古籍文献学特征数据的数据库设计。基于此考虑，下面重点介绍该数据库设计，其对应于图 8-1 中的藏文古籍文献学特征库。

数据库中所存储管理的藏文古籍文献学特征数据来自藏文古籍文献学特征提取算法，其数据库设计与特征提取算法有关。在本应用示例中，藏文古籍文献学特征提取算法选择上一章中表现最优的 ResNet，其提取的特征数据维数为训练数据集中的类别数，为固定维数的矢量，故采用关系型数据库，具体为 MySQL 数据库管理软件。其中，有纸张特征、墨种特征、版式特征 3 张数据表，用于存储对应的文献学特征数据。表 9-1 是纸张特征数据表设计，主要有图像标识、图像文件的路径、7 维纸张特征数据等信息，其中的纸张特征数据维数与纸张数据集的类别数相同。较纸张特征数据表，墨种特征数据表设计、版式特征数据表只在特征维数上有差异，后两者中的特征维数分别是 5 和 2。

表 9-1 纸张特征数据表

字段名称	数据类型	约束	字段说明
ID	int	Primary Key	图像 ID，且自增
imgDir	varchar（255）	Unique	图像文件路径
worksID	varchar（255）	Not NULL	图像所在文献的 ID
feature1	double		纸张特征的第 1 维
feature2	double		纸张特征的第 2 维
……	……		……
feature10	double		纸张特征的第 10 维
created_ at	timestamp		创建时间
updated_ at	timestamp		更新时间

下面介绍藏文古籍文献学特征检索应用示例效果。在文献学特征检索中，用户选择一个文献学特征视角并上传一张模板图像，系统返回与该模板图像在所选文献学特征视角上相似的库中若干图像给用户。

图 9-1 至图 9-3 是检索结果样例展示。其中，下拉列表中有纸张（默认值）、墨种、版式三种选项，用于指定文献学特征检索的视角，例如当选择纸张时，系统将检索出与模板图像具有相似纸张特征的结果；“点击上传模板图像文件”按钮用于选择模板图像；由于篇幅限制，在每个文献学特征视角下只展示了按相似度从高到低排序的第一条检索结果。可见，均能正确地实现文献学特征的检索。其中，图 9-3 显示的检索结果与模板图像在纸张和墨种上有差异，这是因为该检索结果是版式（判断是手写版还是木刻版）而非纸张和墨种，结果图像与模板图像从字形、笔画粗细、字间距上均极为相似，这正好表明检索结果的正确性。

除了从单个文献学特征视角进行检索外，还可以同时从多个组合的文献学特征的视角进行检索，例如，同时从纸张、墨种和版式特征的视角进行检索，即要求检索结果图像与模板图像在纸张、墨种和版式特征上相似。可选择如下两方案之一来实现：一是先检索与模版图像在纸张特征上相似的图像，然后再从该检索结果中进一步检索与模版图像在墨种特征上相似的图像，最后再从该检索结果中进一步检索与模版图像在版式特征上相似的图像；二是采用第八章的方法，但其中构建的是“纸张+墨种+版式”特征数据集，即同时从纸张、墨种、版式三个视角来构建数据集。这两种方案各有优劣：前者方案较为简单，易于扩展，但因需要检索多次而检索耗时长；后者检索耗时短，但所需文献学特征数据集构建不易，且因文献类别较多而增加了特征提取算法的难度。图 9-4 是“纸张+墨种+版式”视角检索样例，检索结果与模板图像在纸张、墨种和版式上是极相似的，甚至在墨汁的撒泼污迹上和红黑墨种的比例上与模板图像也是极相似的。

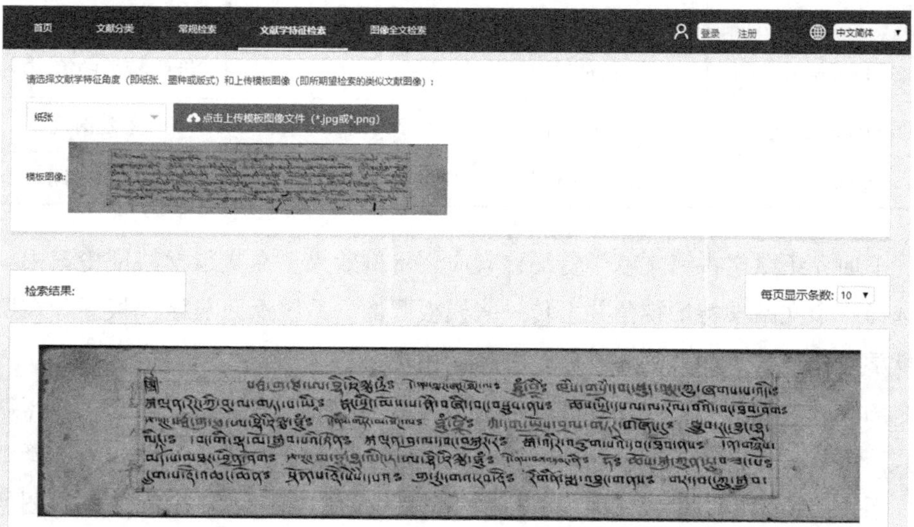

图 9-1　从纸张特征视角检索结果展示

（图中的上、下文献图像来源：《根桑德琼旺姆》第 1 函第 4 页和第 495 页）

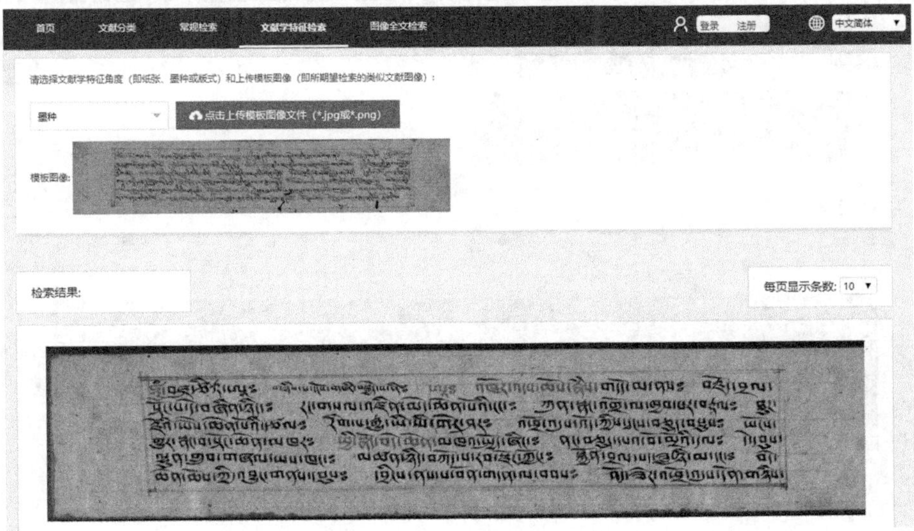

图 9–2　从墨种特征视角检索结果展示

（图中的上、下文献图像来源：《根桑德琼旺姆》第 1 函第 4 页和第 86 页）

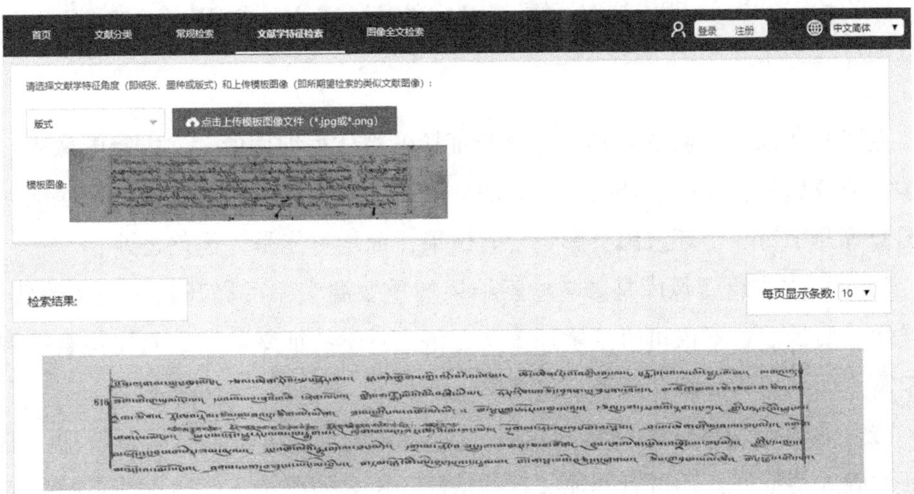

图 9–3　从版式特征视角检索结果展示

（图中的上、下文献图像来源：《根桑德琼旺姆》第 1 函第 4 页，《霍岭》第 616 页）

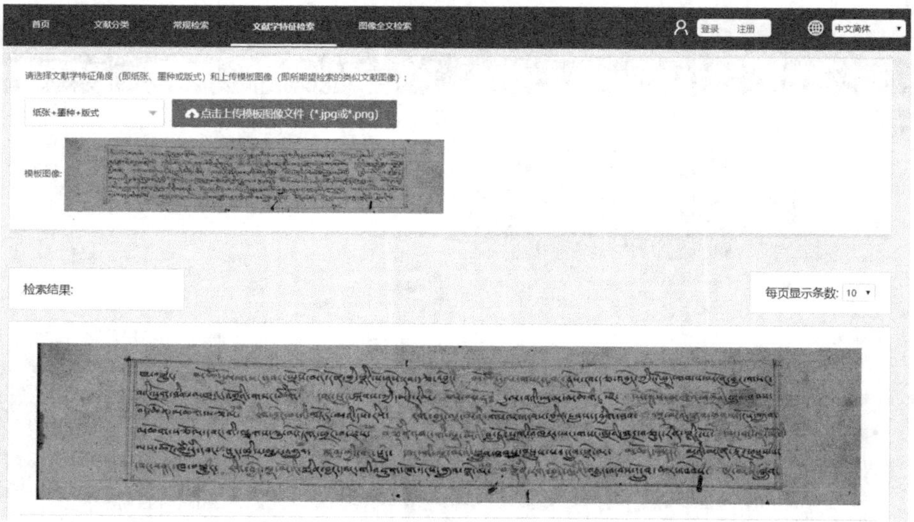

图 9-4　从“纸张+墨种+版式”特征视角检索结果展示

（图中的上、下文献图像来源：《根桑德琼旺姆》第 1 函第 4 页和第 6 页）

第二节　藏文古籍文献学特征检索优化示例

在图 8-1 所示的藏文古籍文献学特征检索整体框架中的藏文古籍图像库、文献学特征数据集、文献学特征提取方法、藏文古籍文献学特征库、特征匹配、模板图像等几乎每一个环节因会影响检索结果，而均可能是待优化之处。

（1）藏文古籍图像库是影响检索结果的重要源头，可提升其中图像的数量、多样性、质量。这不仅可直接增加藏文古籍文献学特征库数据进而让检索结果更为丰富，而且可为后续各环节提供更多选择。

（2）在文献学特征数据集构建时，文献学特征视角除了有纸张特征、墨种特征、版式特征外，还可有其他文献学特征，例如插图特征、边框线特征，也可有组合特征，例如把墨种与版式两种特征进行组合，甚至把纸张、墨种、版式三种特征进行组合。这些增加的文献学特征数据集可为后续文献学特征检索提供更加强大和细腻的数据基础，例如可支持对古籍插图情况的检索、边框线情况的检索。但也需注意，一些特征组合并不常见甚至没有，例如没有黄底白字的组合；

在组合特征中，易使该数据集因类别太多而增加文献学特征提取算法的难度。

（3）文献学特征提取方法正如第八章第三节中的实验所示一样，对检索结果影响很大。近些年来，深度学习模型迅速发展，层出不穷的新的特征学习网络模型可被尝试用于文献学特征提取。除此之外，由于特征提取方法之间各有所长，所以把多种算法进行取长补短式的组合也是优化特征提取方法策略之一。

（4）藏文古籍文献学特征库大小会影响检索速度，因此可采用恰当的索引、缓存、分布式存储等方法提高检索速度。

（5）藏文古籍文献学特征库中的特征矢量维数和个数会影响模板图像特征与藏文古籍文献学特征库的匹配速度，一般来说，当矢量维数越大时，检索准确率越高但特征匹配越耗时，当特征库中矢量个数越多时，检索结果越丰富但特征匹配也越耗时。因此，如何在提升检索准确率和丰富检索结果的同时，降低特征匹配耗时，是一件有意义的待解问题。也许把相似文献学特征提前聚类，使得特征匹配变为模板图像特征矢量与藏文古籍文献学特征库中的各聚类中心之间的相似度计算，是解决方法之一。

（6）模板图像由用户上传，这满足了用户个性化需求，但也导致了每次上传后均需计算模板图像文献学特征。也许，通过预设一些模板图像供用户选择或记录用户上传的模板图像，提前计算并记录好这些模板图像的文献学特征，甚至记录与之匹配的检索结果，可以减少文献学特征计算次数和匹配耗时。

下面介绍一些在纸张、墨种、版式文献学特征提取方法上的具体优化策略示例，旨在为探索更广泛和深入的藏文古籍文献学特征检索优化思路提供启示。

一、纸张特征提取算法改进示例

在第八章第三节中的纸张特征检索中选取了 Histogram 和 Gabor 算法，前者统计的是图像各通道某一段像素空间的像素点个数，对提取纸张颜色特征有很好的表现，后者描述物体表面的具有缓慢或周期性变化的表面结构组织排列属性，对提取纸张纹理特征有很好的表现。把 Histogram 和 Gabor 算法进行融合，既提取纸张颜色特征，又提取纸张纹理特征，这自然是一种优化藏文古籍纸张特征提取算法的思路。

基于该思路的算法流程如图 9-5 所示，其把颜色特征矢量和纹理特征矢量进行首尾拼接作为二者的融合特征，且对每个融合特征矢量在维之间作归一化处理，以消除奇异的样本数据可能导致的不良影响。其中，由于在所搜集的藏文古籍图像中有部分为二值图像和灰度图像，无法通过 Gabor 计算其纹理特征，故直接把白色像素数与全图像像素数之比超过一定阈值（记为 T，以方便后续引用）的图像的纹理特征矢量赋为 0 值。为了方便下面区别，该改进的纸张特征提取算法记为 Histogram-Gabor 算法。

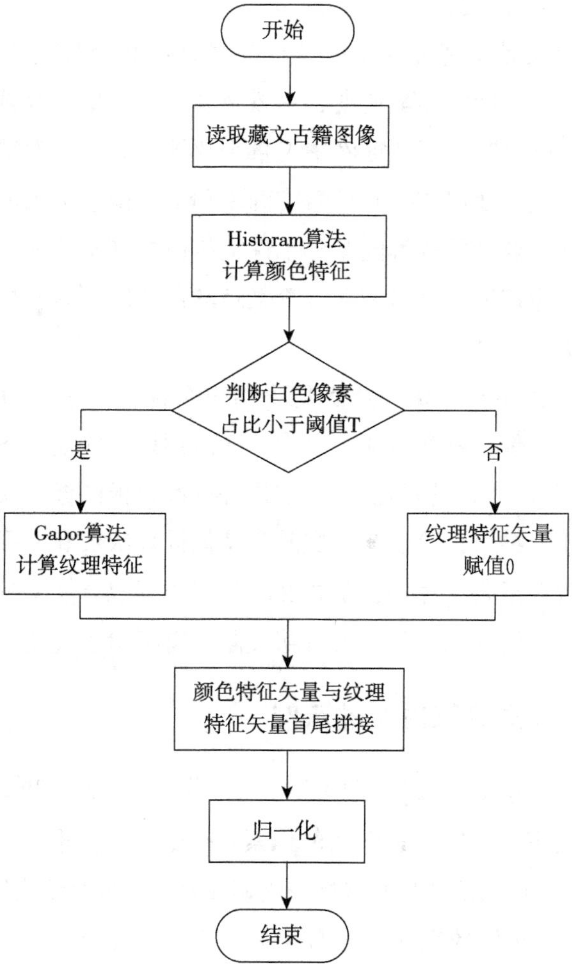

图 9-5　基于颜色和纹理特征的纸张特征检索算法流程

为了展示纸张特征提取的优化效果，在 Histogram、Gabor 和 Histogram-Gabor

算法之间做了实验对比，其中 Histogram 和 Gabor 的实验结果来自第八章第三节，Histogram-Gabor 算法除了在相似度距离计算采用曼哈顿距离和阈值 T 设置为 0.6 之外，其余测试数据集及参数设置与第八章第三节中 Histogram 和 Gabor 相同。

表 9-2 为实验结果，其中最优结果已被加粗显示。可见，Histogram-Gabor 算法在 MMAP 上较 Histogram 算法和 Gabor 算法均有提升，这说明了把颜色特征和纹理特征融合可提升纸张特征提取效果。在特征提取耗时上，Histogram-Gabor 算法较 Histogram 算法耗时更长，这是由于 Histogram-Gabor 算法是将 Histogram 和 Gabor 算法分别对图像进行特征提取后做特征融合，较 Histogram 算法多出了一部分提取纹理特征的耗时；Histogram-Gabor 较 Gabor 算法耗时更短，这是由于在进行纹理特征提取时会直接把白色像素数与全图像像素数之比超过一定阈值的图像的纹理特征矢量赋为 0 值，而不再对其进行纹理特征提取。在特征匹配耗时上，Histogram-Gabor 算法耗时最长，这是因为其所提取的特征为 Histogram 算法所提取的特征和 Gabor 算法所提取的特征进行矢量首尾拼接而成，其矢量维数最大。

因此，Histogram-Gabor 在耗时上不占优，而对特征检索精度有改进，其可以作为在实时性要求不高的情况下对纸张特征检索的一种改进。

表 9-2　纸张特征提取算法改进后的实验结果

算法	MMAP		平均耗时（秒）	
	均值	标准差	特征提取	特征匹配
Histogram	0.997	**0.001**	**1.04E+00**	**1.21E-03**
Gabor	0.899	0.039	3.02E+01	4.59E-03
Histogram-Gabor	**0.998**	**0.001**	1.23E+01	1.86E-03

二、墨种特征提取算法优化示例

在第八章第三节中的所有墨种特征提取算法，均是从整幅古籍图像中提取特征，这会使得非墨种区域对结果造成影响。因此，去除非墨种区域而只从墨种区域提取墨种特征，成为一种优化墨种特征提取算法的思路。

基于该思路，鉴于 CTPN（Connection Text Proposal Network）[110] 在自然场景

下的文本行检测上取得了很好的效果，本示例采用 CTPN 检测出藏文文本行作为墨种区域，改进后的墨种特征提取流程为：构建藏文古籍文本行检测数据集，训练 CTPN，在用 CTPN 检测藏文古籍文本行区域之后，按从左到右、从上到下的顺序把所检测出的文本行区域拼接为图像块，然后采用 Histogram 算法对该图像块提取墨种特征。为了下面方便区别，该改进的墨种特征提取算法记为 CTPN-Histogram 算法。

为了对比墨种特征优化效果，实验选取 Histogram 和 CTPN-Histogram 算法，其中 Histogram 算法的实验结果来自第八章第三节。CTPN 的训练集选取自与藏文古籍墨种特征数据集图像不同的 50 张图像。CTPN-Histogram 对所检测出的若干文本行区域分别进行颜色直方图计算并统计合并为整张图像的颜色分布特征，所以无需设置切片数参数。测试数据集及其他参数设置与第八章第三节中 Histogram 算法相同。

表 9-3 为实验结果，其中最优结果已被加粗显示。可见，CTPN-Histogram 算法在 MMAP、特征提取平均耗时、特征匹配平均耗时上都优于原 Histogram 算法。这是因为从文本区域图像块提取墨种特征能减小非文本区域的影响，并且由文本行区域所拼接的图像块比原整幅图像小而能节省特征提取耗时。这说明本示例针对藏文古籍墨种特征提取算法的改进是有效的。

表 9-3　墨种特征提取算法改进后的实验结果

算法	MMAP		平均耗时（秒）	
	均值	标准差	特征提取	特征匹配
Histogram	0.987	0.006	1.15E+00	1.73E-03
CTPN-Histogram	**0.998**	**0.004**	**7.36E-01**	**8.85E-04**

三、版式特征提取算法优化示例

由于手写版与木刻版在字体上有较大差异，藏文古籍手写版的字体有乌金体、乌梅体等，藏文木刻版的字体比较统一，基本上是乌金体[41]，因此忽略藏文古籍非文本区而只从文字区域来判断版式特征，是一种优化版式特征提取算法的思路。

与本节中 CTPN-Histogram 的思路相似，本示例采用 CTPN 来提取藏文古籍文字区域。改进后的版式特征提取算法较 CTPN-Histogram 的不同之处在于，采用在第八章第三节版式特征提取中表现最优的 ResNet 提取版式在字体上的抽象特征，而后者采用 Histogram 提取墨种上的颜色特征。较第八章第三节中的版式特征提取算法 ResNet 不同之处在于，该改进算法从后者所用的版式特征数据集图像，通过 CTPN 提取的文字区域图像块重新构建版式特征数据集（为了以示区别，此数据集称为新的版式特征数据集，第八章第二节中的版式特征数据集称为原版式特征数据集），新的版式特征数据集较原版式特征数据集，图像数量相同，但图像尺寸变小。为了下面方便区别，把上述改进的版式特征提取算法记为 CTPN-ResNet 算法。

为了对比版式特征优化效果，实验选取 ResNet 和 CTPN-ResNet 算法，其中 ResNet 的实验结果来自第八章第三节，CTPN-ResNet 中 ResNet 较第八章第三节中的 ResNet，除了在数据集不一样和输入图像尺寸为 256×256 之外，其余参数设置相同。

表 9-4 为实验对比结果，其中最优结果已被加粗显示。可见，CTPN-ResNet 在 MMAP、特征提取平均耗时优于原 ResNet。原因与前文相似，这是因为从文本区域图像块提取版式特征能减小非文本区域的影响，并且能因减小提取特征的图像大小而缩短特征提取耗时。这说明本示例针对藏文古籍版式特征提取算法的改进是有效的。

表 9-4　版式特征提取算法改进后的实验结果

数据集	MMAP		平均耗时（秒）	
	均值	标准差	特征提取	特征匹配
Edition	0. 928	0. 099	1. 06E-01	1. 33E-03
Edition-N	**0. 960**	**0. 041**	**2. 40E-02**	**1. 32E-03**

第十章　总　结

在信息化时代背景下，藏文古籍数字化工作正如火如荼地进行着。藏文古籍数字化工作可以分为藏文古籍数据库建设与藏文古籍数字资源深度处理两个主题：前者强调的是数据生成，旨在实现对藏文古籍的收集、整理、数字化扫描、数据著录和数据管理；后者强调的是对前者所生成和管理的数据做深入处理，旨在基于某些信息技术挖掘藏文古籍数据的应用。其中，在藏文古籍数据库建设方面，国内部分机构做得较好，但真正共享的藏文古籍数据库规模较小。在藏文古籍数字资源深度处理技术方面，虽然近年来出现了少量以深度学习技术为代表的新兴技术，但因研究人员少、应用需求少、起步晚等，而在整体上较汉文、英文等文种古籍数字资源处理技术落后，且处理任务较为单一。

在上述背景下，本书介绍了一些面向全信息检索的藏文古籍数据库建设研究的初步成果，其中的全信息检索是指既检索藏文古籍图像全文信息，又检索文献学特征信息。对此，本书主要包括藏文古籍数字资源搜集与处理、藏文古籍图像全文检索和藏文古籍文献学特征检索等三部分内容。这些内容属于文献学与信息科学的交叉领域，期望能抛砖引玉地为藏文文献数字化研究者和其他文种文档图像检索技术领域研究者提供有益参考。

由于藏文古籍资源丰富、复杂，且新兴信息技术日新月异，本书所涉内容仍然是开放性的，很多地方值得进一步深入研究：

（1）在藏文古籍字丁增扩数据集上，字体数量、前背景颜色需要增加，真实藏文古籍中的文字遮挡、破损等情形需要模拟，图像变换与合成方式相互间的影响关系需要准确甚至定量描述。

（2）在藏文图像全文检索上，随着人工智能技术的发展，引入和改进最新的目标检测模型有望进一步提高实验指标。

（3）在藏文古籍文献学特征检索上，检索准确率和特征匹配时长一般是相互矛盾的，因为越高的特征维数一般会提高检索准确率但同时会增加特征匹配时长。如何在基本保持检索准确率不降低的同时，大幅降低特征匹配时长是一项具有挑战性的问题。

参考文献

[1] 孔繁秀，冯云．西藏自治区图书馆事业发展调研与分析．西藏研究，2018（4）：150~160.

[2] 李梦瑶，胡建．藏文文献数据库建设现状综述．数字技术与应用，2020，38（4）：218~219.

[3] 德萨．论藏文文献数据库建设实证调查研究的必要性——兼谈价值及其意义．西藏科技，2014（9）：77~80.

[4] 索珍．美国主要涉藏研究机构和藏学研究人员现状及其分析．中国藏学，2006（2）：271~281.

[5] 李涛．戴维·吉玛诺和雪域数码图书馆．中国西藏（中文版），2005（6）：64~66.

[6] 人民网．中国藏文学术期刊网上线［N/OL］．（2015/12/7）［2020/12/1］．http：//politics. people. com. cn/n/2015/1207/c1001-27894485. html.

[7] De R，Chakraborty A，Sarkar R. Document image binarization using dual discriminator generative adversarial networks. IEEE Signal Processing Letters，2020，27：1090~1094.

[8] Tensmeyer C，Martinez T. Document image binarization with fully convolutional neural networks. Proceedings of the 14th IAPR International Conference on Document Analysis and Recognition，2017：99~104.

[9] Pondenkandath V，Alberti M，Diatta M，et al. Historical document synthesis with generative adversarial networks. Proceedings of 2019 International Conference on Document Analysis and Recognition Workshops. 2019：146~151.

［10］ Kai C, Seuret M, Hennebert J, et al. Convolutional neural networks for page segmentation of historical document images. Proceedings ofthe 14th IAPR International Conference on Document Analysis and Recognition. 2017: 965~970.

［11］ Mechi O, Mehri M, Ingold R, et al. A two-step framework for text line segmentation in historical Arabic and Latin document images. International Journal on Document Analysis and Recognition, 2021, 24: 197~218.

［12］ 陈园园．藏文古籍图像版面分析系统的研究与设计．西北民族大学，2021.

［13］ Yann Soullard, Pierrick Tranouez, Clément Chatelain, et al. Multi-scale gated fully convolutional DenseNets for semantic labeling of historical newspaper images. Pattern Recognition Letters, 2020, 131: 435~441.

［14］ Aradillas J C, Murillo-Fuentes J J, Olmos P M. Boosting offline handwritten text recognition in historical documents with few labeled lines. 2021 (9): 76674~76688.

［15］ Nagai A. Recognizing Three characterstring of old Japanese cursive byconvolutional neural networks, Proceedings of Information Processing Society of Japan Symposium, 2017: 213~218.

［16］ Eladel A, Ejbali R, Zaied M, et al. Dyadic multi-resolution analysis-based deep learning for Arabic handwritten character classification. . Proceedings of the 27th International Conference on Tools with Artificial Intelligence. 2015: 807~812.

［17］ Javidi M, Jampour M. A deep learning framework for text-independent writer identification. Engineering Applications of Artificial Intelligence, 2020, 95: 103912.

［18］ Hamid A, Bibi M, Moetesum M, et al. Deep learning based approach for historical manuscript dating. Proceedings of 2019 International Conference on Document Analysis and Recognition (ICDAR) . 2019: 967~972.

［19］ 胡中泽．基于对抗生成网络的古籍文献图像修复技术应用研究．中央民族大学，2018.

［20］ 王梦锦．基于深度学习的藏文古籍文献文本检测研究．西藏大学，2020.

［21］ 吴燕如．藏文现代印刷物版面检测技术研究．西藏大学，2020.

［22］ 胡鹏飞．基于深度学习的乌金体藏文古籍识别系统．西北民族大学，2021.

［23］仁青东主，尼玛扎西．基于深度学习的自然场景藏文识别研究．高原科学研究，2019，3（4）：96～103.

［24］仁青东主．基于深度学习的藏文古籍木刻本文字识别研究．西藏大学，2021.

［25］Huang Y B. Application of natural language processing technology in educational resources retrieval. Proceedings ofthe 2nd International Conference on Computing and Data Science，2021，1881（3）：032020.

［26］洪松．自然场景下乌金体藏文检测与识别方法研究．西藏大学，2021.

［27］史金波．最早的藏文木刻本考略．中国藏学，2005，（4）：73～77.

［28］Bishakha J，Mrinaljit B. A comparison paper on skew detection of scanned document images based on horizontal and vertical projection profile analysis. International Journal of Scientific and Research Publications，2014，4（6）：1～4.

［29］Bal A，Saha R. An improved method for text segmentation and skew normalization of handwriting image. Progress in Intelligent Computing Techniques：Theory，Practice，and Applications. 2018：117～133.

［30］Pstl W. Detection of linear oblique structures and skew scan in digitized documents. Proceedings of the 8th International Conference on Pattern Recognition，1986：487～489.

［31］Kaur M，Jindal S. An integrated skew detection and correction using fast Fourier transform and DCT. International Journal of Scientific & Technology Research，2013，2（12）：164～169.

［32］Singh C，Bhatia N，Kaur A. Hough transform based fast skew detection and accurate skew correction methods. Pattern Recognition，2008，41（12）：3528～3546.

［33］Jundale T A，Hegadi R S. Skew detection and correction of Devanagari script using Hough transform. Procedia Computer Science，2015，45：305～311.

［34］Lu Y，Tan C. L. Improved nearest neighbor based approach to accurate document skew estimation. Proceedings of International Conference on Document Analysis and Recognition，2003：503～507.

［35］Jiang X，Bunke H，Widmer-Kljajo D. Skew detection of document Images by focused nearest-neighbor clustering. Proceedings of International Conference on Document Analysis and Recognition, 1999: 629~632.

[36] Mohammed S W, Soora N R. Global skew detection and correction using morphological and statistical methods. Computational Vision and Bio Inspired Computing. Springer, Cham, 2018: 556~568.

[37] Vinod H C, Niranjan S K. Multi-level skew correction approach for hand written Kannada documents. International Conference on Information Theoretic Security. Springer, Cham, 2018: 376~386.

[38] Subrahmanyam M, Kumar V V, Reddy B E. A new algorithm for skew detection of Telugu language document based on principle-axis farthest pairs quadrilateral (PFPQ). International Journal of Image, Graphics & Signal Processing, 2018, 10 (3): 47~58.

[39] Haneishi H, Yagihashi Y, Miyake Y. A new method for distortion correction of electronic endoscope images. IEEE Transactions on Medical Imaging, 1995, 14 (3): 548~555.

[40] Ai S, Wang X, Ma M, et al. A method for correcting non-linear geometric distortion in ultra-wide-angle imaging system. Optik - International Journal for Light and Electron Optics, 2013, 124 (24): 7014~7021.

[41] 益西拉姆，英珍．藏文古籍文献装帧形式初探．中华文化论坛，2017 (5): 77~82.

[42] Jan M. Straighten image [CP/OL]. (2013-04-14) [2018-04-17]. http://cn.mathworks.com/matlabcentral/fileexchange/40239-straighten-image.

[43] Shemiakina J, Zhukovsky A, Faradjev I. The calculation of a projective transformation in the problem of planar object targeting by feature points. Proceedings of the9th International Conference on Machine Vision, 2016: 1~6.

[44] Huang H, Da F. Sparse representation-based classification algorithm for optical Tibetan character recognition. Optik-International Journal for Light and Electron Optics, 2014, 125 (3): 1034~1037.

[45] Ngodrup, Zhao D C. Research on wooden blocked Tibetan character seg-

mentation based on drop penetration algorithm . Proceedings of 2010 Chinese Conference on Pattern Recognition, 2010: 84~88.

[46] Fan W, Sun J, et al. Local consistency constrained adaptive neighborembedding for text image super-resolution. Proceedings of the 10th IAPR International Workshop on Document Analysis System, 2012: 90~94.

[47] Patanavijit V. Video enhancement using a robust iterative SRR based on a Geman&McClure stochastic estimation with a general observation model. Proceedings of International Conference on Electrical Engineering/Electronics Computer Telecommunications and Information Technology, 2010: 875~879.

[48] Nasonov A V, Krylov A S. Text images super resolut on and enhancement. Proceedings of the 5th International Congress on Image and Signal Processing, 2012: 617~620.

[49] Kumar V, BansaLet A. Sparse document image coding for restoration. Proceedings of the 12th International Conference on Document Analysis and Recognition. 2013: 713~717.

[50] Banerjee J, Jawahar C V. Super-resolution of text image using edge-directed tangent fie H. Proceed ings of the 8th IAPR international workshop on document analysis systems. 2008, 76~83.

[51] Capel D, Zisseman A. Super-resolution enhancement of text image sequences. Proceedings of the 15th International Conference on Pattern Recognition, 2000, 1 (1): 600~605.

[52] 贲圣兰，杨静宇，苏光大．文本图像的双边总变分超分辨率恢复方法．计算机科学，2007，34（11）：201~204.

[53] 肖泉，丁兴号，廖英豪．一种有效保持边缘特征的散焦模糊图像复原方法．计算机科学，2010，37（7）：270~272.

[54] Liang F, Xu Y, Zhang M, et al. A POCS algorithm based on text features for the reconstruction of document images at super-resolution. Symmetry, 2016, 8 (10): 102~117.

[55] 李瑞明，张烨．基于马尔科夫网络的文本图像超分辨率重建．山西电

子技术，2017，004：24~27.

［56］ Chang H，Yeung D Y，Xiong Y. Super–resolution through neighbor embedding. Proceedings of 2004 IEEE Computer Society Conference on Computer Vision and Pattern Recognition，2004（1）：275~282.

［57］ Yang J，Wright J，Huang T S，et al. Image super–resolution via sparse representation. IEEE Transactions on Image Processing 19. 11（2010）：2861~2873.

［58］ Timofte R，De V，Gool L V. Anchored neighborhood regression for fast example–based super–resolution. Proceedings of IEEE International Conference on Computer Vision IEEE Computer Society，2013：1920~1927.

［59］ Salvador J，Perez–Pellitero E. Naive bayes super–resolution forest. Proceedings of IEEE International Conference on Computer Vision，2016：325~333.

［60］ Dong C，LOY CC，He K M，et al. Learning a deep convolution al network for image super–resolution. Proceedings of 2014 IEEE European Conference onComputer Vision，2014：184~199.

［61］ Dong C，Loy C C，Tang X O. Accelerating the super – resolution convolutional neural network. Proceedings of the 14thEuropean Conference on Computer Vision，2016：11~14.

［62］ Kim J，Lee J K，Lee K M. Accurate image super–resolution using very deep convolutional networks. Proceedings of 2016 IEEE Conference on Computer Vision and Pattern Recog–nition，2016. 1646~1654.

［63］ Han W，Chang S Y，Liu D，et al. Image super–resolution via dual–state recurrent networks. Proceedings of 2018 IEEE Conference on Computer Vision and Pattern Recognition，2018：1654~1663.

［64］ Kim J，Lee J K，Lee K M. Deeply–recursive convolutionalnetwork for image super–resolution. Proceedings of 2016IEEE Conference on Computer Vision and Pattern Recogni–tion，2016：1637~1645.

［65］ Ledig C，Theis L，Huszar F，et al. Photo–realisticsingle image super–resolution using agenerativeadversarial network. Proceedings of IEEE Conference on ComputerVision and Pattern Recognition，2017：4681~4690.

[66] Wang X, Yu K, Wu S, et al. ESRGAN: Enhancedsuper-resolution generative adversarial networks. Proceedings of Computer Vision, 2019: 63~79.

[67] Chen Y, Tai Y, Liu X M, et al. FSRNet: End-to-endlearning face super-resolution with facial priors. Proceedings of IEEE Conference on Computer Vision and PatternRecognition, 2018: 2492~2501.

[68] Lim B, Son S, Kim H, et al.. Enhanced deep residual networks forsingle image super-resolution, Proceedings of 2017 IEEE Conference on Computer Vision and Pattern Recognition Workshops, 2017: 1132~1140.

[69] Yu J, Fan Y, Yang J, et al. Wide activation for efficient and accurate image super-resolution. arXiv preprint arXiv: 1808.08718, 2018.

[70] Haris M, Shakhnarovich G, Ukita N. Deep back-projection networks for super-resolution. Proceedings of IEEE Conference on Computer Vision and Pattern Recognition. arXiv, 2018: 1664~1673.

[71] Zhang Y, Tian Y, Kong Y, et al. Residual dense network for image super-resolution. Proceedings of the IEEE Conference on Computer Vision and Pattern Recognition. 2018: 2472~2481.

[72] Zhang Y, Li K, et al. Image super-resolution using very deep residual channel attention networks. Proceedings of European conference on computer vision. 2018: 286~301.

[73] 杨永清，黄毕惠．文献资源组织中元数据集成建设问题研究．数字图书馆论坛，2020（9）：24~31.

[74] 李艳琴，王舒．美国高校科学数据描述服务研究．山西财经大学学报，2019，41（S2）：96~99.

[75] 北京大学图书馆．古籍元数据标准［S/OL］．（2015-01-02）［2020-12-01］．http：//www.doc88.com/p-3817519933178.html.

[76] 尼玛扎西．藏文信息处理技术的现状、存在的问题及其前景．西藏大学学报（汉文版），1997（2）：1~5.

[77] 多拉，扎西加．藏文规范音节频率词典．中国社会科学出版社，2015.

[78] 马玲，张晓辉．HSV 颜色空间的饱和度与明度关系模型．计算机辅助

设计与图形学学报，2014，26（8）：7.

［79］ Pearson E S. Predictive zero－mean uniform discrimination. Biometrika，1968，55（3）：519～524.

［80］ RedmonJ，Farhadi A. YOLOv3：An incremental improvement. arXiv preprint arXiv：1804. 02767，2018.

［81］ 董洪义．深度学习之 PyTorch 物体检测实战．机械工业出版社，2020.

［82］ Bubbliiiing. yolo3－pytorch ［CP/OL］．［2022－02 －11］．https：//github. com/bubbliiiing/yolo3-pytorch.

［83］ COCO-Common Objects in Context ［DB/OL］．［2022-3-12］．https：//cocodataset. org/.

［84］ 张震，陈可鑫，陈云飞．优化聚类和引入 CBAM 的 YOLOv5 管制刀具检测．郑州大学学报（工学版），2023，44（5）：40～45，61.

［85］ 王越，冯振．基于 CAM 与双线性网络的鸟类图像识别方法．重庆理工大学学报（自然科学），2021，35（11）：136～141，239.

［86］ 刘嘉敏，谢文杰，黄鸿，等．基于空间和通道注意力机制的目标跟踪方法．电子与信息学报，2021，43（9）：2569～2576.

［87］ Lin T Y，Goyal P，Girshick R，et al. Focal loss for dense object detection. IEEE Transactions on Pattern Analysis and Machine Intelligence，2017（9）：2999～3007.

［88］ 杨莲，石宝峰．基于 Focal Loss 修正交叉熵损失函数的信用风险评价模型及实证．中国管理科学，2022，30（5）：65～75.

［89］ Jain A K. Data clustering：50 years beyond K-means. Pattern Recognition Letters，2009，31（8）：651～666.

［90］ 王海燕，崔文超，许佩迪，等．一种局部概率引导的优化 K-means++ 算法．吉林大学学报（理学版），2019，57（6）：1431～1436.

［91］ Tripathy B K. Implementing GloVe for context basedK－means ＋＋ clusterin. Proceedings of 2017 International Conference on Intelligent Sustainable Systems. 2017：1041～1046.

［92］ Arthur D，Vassilvitskii S. K-Means ＋＋：The advantages of careful seeding. Proceedings of the 18th Annual ACM－SIAM Symposium on Discrete Algorithms. 2007：1027～1035.

［93］Hirata K，Kato T. Query by visual example－content based image retrieval. Proceedings of the 3rd International Conference on Extending Database Technology：Advances in Database Technology，1992：56～71.

［94］Agrawal D，Agarwal A，Sharma D K. Content－based image retrieval (CBIR)：Areview. Recent Innovations in Computing，2022：439～452.

［95］Lande M V，Ridhorkar S. A comprehensive survey on content-based image retrieval using machine learning. Lecture Notes on Data Engineering and Communications Technologies，2022：165～179.

［96］刘宇星，李晓岑，王珊．藏纸原料、制作与修复的研究进展．中国造纸，2022，41（4）：126～132.

［97］Zhang Y，Pan P，Zheng Y，et al. Visual search at Alibaba. Proceedings of the 24th ACM SIGKDD International Conference on Knowledge Discovery and Data Mining，2018：993～1001.

［98］Trappey A J C，Trappey C V，Shih S. An intelligent content-based image retrieval methodology using transfer learning for digital IP protection. Advanced Engineering Informatics，2021，48：101291.

［99］Choe J，Hwang H J，Seo J B，et al. Content－based image retrieval by using deep learning for interstitial lung disease diagnosis with chest CT. Radiology，2022，302（1）：187～197.

［100］Swain M J，Ballard D H. Color indexing. International Journal of Computer Vision，1991，7（1）：11～32.

［101］Manjunath B S，Ma W Y. Texture features for browsing and retrieving of large image data. IEEE Transactions on Pattern Analysis and Machine Intelligence，2011，33（1）：117～128.

［102］Tola E，Lepetit V，Fua P. DAISY：An efficient dense descriptor applied to wide－baseline stereo. IEEE Transactions on Pattern Analysis and Machine Intelligence，2010，32（5）：815～830.

[103] Park D K, Jeon Y S, Won C S. Efficient use of local edge histogram descriptor. Proceedings of ACM Multimedia 2000 Workshops, 2000: 51~54.

[104] Dalal N, Triggs B. Histograms of oriented gradients for human detection. Proceedings of IEEE Conference on Computer Vision and Pattern Recognition, 2005: 886~893.

[105] Simonyan K, Zisserman A. Very deep convolutional networks for large-scale image recognition. arXiv preprint arXiv: 1409. 1556, 2014.

[106] He K, Zhang X, Ren S, et al. Deep residual learning for image recognition. Proceedings of 2016 IEEE Conference on Computer Vision and Pattern Recognition, 2016: 770~778.

[107] 谢博鋆．图像特征表示的学习算法研究．北京交通大学，2016: 10~17.

[108] Mogotsi I C. Christopher D. Manning, et al. Introduction to information retrieval. Information Retrieval, 2010, 13 (2): 192~195.

[109] Huang P C. A content-based image retrieval (CBIR) system [CP/OL]. [2021-10-20] https: //github. com/pochih/CBIR.

[110] Ren H, Wang W, Qu X, et al. A new hybrid-parameter recurrent neural network for online handwritten Chinese character recognition. Pattern Recognition Letters, 2019, 128: 400~406.

附录 A　藏文古籍元数据集合设计

表 A-1　文献综合数据集合（works 集合）

数据名称和含义	数据类型
ID：　　　//文献标识	String
volumeNum：　//卷数	Int32
coverImage：　//文献封面图像的地址	String
title：{　//文献标题	
summary：　//标题概述	
{lang：}　　//多语言	String
titleSource1：[　//元数据资源 1 中的题名详述	Array
//第 1 种类型的标题	
{	
type：　//题名类别	String
{lang：}　　//多语言	String
}	
//第 2、3、……种类型的标题	
……	
]	
}	

续表

数据名称和含义	数据类型
person：{　//涉及的人物信息	
summary：　//人物概述	
{lang：}　//多语言	String
personSource1：[　//元数据资源 1 中的人物详述	Array
//第 1 个人物信息	
{	
type：　//人物角色	String
ID：　//人物标识	String
}	
//第 2、3、……个人物信息	
……	
]	
}	
publication：{　//出版信息	
summary：　//出版信息概述	
{lang：}　//多语言	String
publicationSource1：{　//元数据资源 1 中的出版信息详述	
ID：	String
}	
}	
image：[　//图像信息	Array
//第 1 函（册）的图像信息	
{	

续表

数据名称和含义	数据类型
imageDir： //图像资源地址	String
imageNum： //图像数量	Int32
hasPDF： //资源格式（是否有 PDF 格式资源）	Boolean
}	
//第 2、3、……函（册）的图像信息	
……	
]	
topic：{ //主题信息	
summary： //主题概述	
{lang:} //多语言	String
topicSource1：[//元数据资源 1 中的主题详述	Array
//第 1 个主题信息	
{	
type： //主题类型	String
ID： //主题标识	String
}	
//第 2、3、……个主题信息	
……	
]	
}	
abstract：[//摘要信息	Array
{lang:}： //多语言	String
…… //允许有多条摘要信息	

续表

数据名称和含义	数据类型
]	
otherInfo：[　//其他信息	Array
{lang:}：　//多语言	String
……　//允许有多条其他信息	
]	
status：　//是否发布	Boolean
updatedAt：　//更新时间	Date
createdAt：　//创建时间	Date

表 A-2　人物数据集合（person 集合）

数据名称和含义	数据类型
ID：　//文献标识	String
gender：　//性别	String
name：[　//称谓	Array
//第 1 个称谓	
{	
type：　//称谓类别	String
{lang:}　//多语言	String
}	
//第 2、3、……个称谓	
……	
]	
event：{　//生卒时间	
birth：　//出生时间	String

续表

数据名称和含义	数据类型
death： //逝世时间	String
}	
seat：{ //出生地	
ID： //地点标识	String
}	
studentOf：[//老师信息	Array
{ID：} //第 1 个人物标识	String
…… //允许有多个人物标识	
]	
teacherOf：[//学生信息	Array
{ID：} //第 1 个人物标识	String
…… //允许有多个人物标识	
]	
kindShip：[//亲属信息	Array
//第 1 个亲属	
{	
type： //亲属类别	String
ID： //人物标识	String
}	
//第 2、3、……个亲属	
……	
]	
referenceInfo：[//出处信息	Array
//第 1 个出处	

续表

数据名称和含义	数据类型
{	
ID：　//文献标识	String
location：　//文献中页码范围	String
content：　//文献中内容	String
}	
//第 2、3、……个出处	
……	
]	
otherInfo：[　//其他信息	Array
{lang:}：　//多语言；第 1 条其他信息	String
……　//允许有多条其他信息	
]	
updatedAt：　//更新时间	Date
createdAt：　//创建时间	Date

表 A-3　出版信息数据集合（publication 集合）

数据名称和含义	数据类型
ID：　//出版者标识	String
name：[　//出版者名称	Array
{lang:}　//第 1 个名称	String
……　//允许有多个名称	
]	
publisherPlace：[　//出版地	Array
{ID:}　//第 1 个地点标识	String

续表

数据名称和含义	数据类型
…… //允许有多个地点标识	
]	
publisherDate： //出版时间	String
printType： //版印类型	
{lang:} //多语言	String
otherInfo：[//其他信息	Array
{lang:}： //多语言	String
…… //允许有多条其他信息	
]	
updatedAt： //更新时间	Date
createdAt： //创建时间	Date

表 A-4 地点数据集合（place 集合）

数据名称和含义	数据类型
ID： //地点标识	String
name：[//地名	Array
{lang:} //第 1 个地名	String
…… //允许有多个地名	
]	
event：{ //经纬度	
lat： //经度	String
long： //纬度	String
}	
locatedIn：[//所在地	Array

续表

数据名称和含义	数据类型
{ID:}　　//第 1 个地点标识	String
……　//允许有多个地点标识	String
]	
contain: [　//包含地点	Array
{ID:}　　//第 1 个地点标识	String
……　//允许有多个地点标识	String
]	
otherInfo: [　//其他信息	Array
{lang:}:　　//多语言	String
……　//允许有多条其他信息	
]	
updatedAt:　　//更新时间	Date
createdAt:　　//创建时间	Date

表 A-5　主题数据集合（topic 集合）

数据名称和含义	数据类型
ID:　　　//主题标识	String
name: [　//主题名	Array
{lang:}　　//第 1 个主题名	String
……　//允许有多个主题名	
]	
otherInfo: [　//其他信息	Array
{lang:}:　　//多语言	String
……　//允许有多条其他信息	

续表

数据名称和含义	数据类型
]	
updatedAt：　　//更新时间	Date
createdAt：　　//创建时间	Date

表 A-6　文献分类数据集合（catalog 集合）

数据名称和含义	数据类型
ID：　　//分类标识	String
name：　　//类名	
{lang:}　　//第 1 个主题名	String
upperID：	
worksID：[　　//该类下的文献标识	Array
……　//允许有多条文献标识	
]	
otherInfo：[　　//其他信息	Array
{lang:}：　　//多语言	String
……　//允许有多条其他信息	
]	
updatedAt：　　//更新时间	Date
createdAt：　　//创建时间	Date

附录 B　藏文古籍元数据冗余集合设计

表 B-1　文献综合数据冗余集合（worksR）

数据名称和含义	数据类型
ID：　　//文献标识	String
volumeNum：　//卷数	Int32
coverImage：　//文献封面图像的地址	String
title：{　//文献标题	
summary：　//标题概述	
{lang:}　//多语言	String
titleSource1：[　//元数据资源 1 中的题名详述	Array
//第 1 种类型的标题	
{	
type：　//题名类别	String
{lang:}　//多语言	String
}	
//第 2、3、……种类型的标题	
……	
]	
}	

续表

数据名称和含义	数据类型
person：{ //涉及的人物信息	
summary： //人物概述	
{lang：} //多语言	String
personSource1：[//元数据资源 1 中的人物详述	Array
//第 1 个人物信息	
{	
type： //人物角色	String
ID： //人物标识	String
name： //称谓	String
}	
//第 2、3、……个人物信息	
……	
]	
}	
publication：{ //出版信息	
summary： //出版信息概述	
{lang：} //多语言	String
publicationSource1：{ //元数据资源 1 中的出版信息详述	
ID： //出版者标识	String
name： //名称	
{lang：} //多语言	String
…… //允许有多个名称	
publisherPlace： //出版地	
{lang：} //多语言	String

续表

数据名称和含义	数据类型
…… //允许有多个地点	
publisherDate： //出版时间	String
printType： //版印类型	
{lang:} //多语言	String
otherInfo：[//其他信息	Array
{lang:}： //多语言	String
…… //允许有多条其他信息	
]	
}	
}	
image：[//图像信息	Array
//第1函（册）的图像信息	
{	
imageDir： //图像资源地址	String
imageNum： //图像数量	Int32
hasPDF： //资源格式（是否有PDF格式资源）	Boolean
}	
//第2、3、……函（册）的图像信息	
……	
]	
topic：{ //主题信息	
summary： //主题概述	
{lang:} //多语言	String
topicSource1：[//元数据资源1中的主题详述	Array

续表

数据名称和含义	数据类型
//第 1 个主题信息	
{	
ID： //主题标识	String
name： ////主题名	
{lang：} //第 1 个主题名	String
…… //允许有多个主题名	
otherInfo：[//其他信息	Array
{lang：}： //多语言	String
…… //允许有多条其他信息	
]	
}	
//第 2、3、……个主题信息	
……	
]	
}	
abstract：[//摘要信息	Array
{lang：}： //多语言	String
…… //允许有多条摘要信息	
]	
otherInfo：[//其他信息	Array
{lang：}： //多语言	String
…… //允许有多条其他信息	
]	
status： //是否发布	Boolean

续表

数据名称和含义	数据类型
updatedAt： //更新时间	Date
createdAt： //创建时间	Date

表 B-2 文献概要信息冗余集合（worksR2）

数据名称和含义	数据类型
ID： //文献标识	String
volumnNum： //文献函（册）数	Int32
title：{ //文献标题	
summary： //标题概述	
{lang:} //多语言	String
}	
person：{ //涉及的人物信息	
summary：	
{lang:} //多语言	String
}	
publication：{ //出版信息	
summary：	
{lang:} //多语言	String
}	
image：[//图像信息	Array
//第 1 函（册）的图像信息	
{	
volDir：	String
imageNum：	Int32

续表

数据名称和含义	数据类型
firstImageNo：	Int32
hasPDF：	Boolean
}	
//第 2、3、……函（册）的图像信息	
……	
]	
topic：{ //文献主题	
summary：	
{lang：} //多语言	String
}	
abstract：[//摘要信息	Array
{lang：}： //多语言；第 1 条摘要信息	String
…… //允许有多条摘要信息	
]	
otherInfo：[//其他信息	Array
{lang：}： //多语言；第 1 条其他信息	String
…… //允许有多条其他信息	
]	
status： //是否发布	Boolean
updatedAt： //更新时间	Date
createdAt： //创建时间	Date

表 B-3　文献概要信息冗余集合（worksR2）

数据名称和含义	数据类型
ID：　　//文献标识	String
volumnNum：　//文献函（册）数	Int32
title：{　//文献标题	
summary：　//标题概述	
{lang：}　//多语言	String
}	
person：{　//涉及的人物信息	
summary：	
{lang：}　//多语言	String
}	
publication：{　//出版信息	
summary：	
{lang：}　//多语言	String
}	
image：[　//图像信息	Array
//第 1 函（册）的图像信息	
{	
volDir：	String
imageNum：	Int32
firstImageNo：	Int32
hasPDF：	Boolean
}	
//第 2、3、……函（册）的图像信息	
……	

续表

数据名称和含义	数据类型
]	
topic：{ //文献主题	
summary：	
{lang:} //多语言	String
}	
abstract：[//摘要信息	Array
{lang:}： //多语言；第 1 条摘要信息	String
…… //允许有多条摘要信息	
]	
otherInfo：[//其他信息	Array
{lang:}： //多语言；第 1 条其他信息	String
…… //允许有多条其他信息	
]	
status： //是否发布	Boolean
updatedAt： //更新时间	Date
createdAt： //创建时间	Date

表 B-4 文献分类数据冗余集合（catalogR）

数据名称和含义	数据类型
ID： //文献分类标识	String
name： //文献分类类名	
{lang:} //语言	String
worksNum： //该分类下文献数	String
imageNum： //该分类下图像数	Int32

续表

数据名称和含义	数据类型
subCatalog：[　//二级分类	Array
//第1个二级分类	
{	
ID：　//类ID	String
name：　//文献分类标识	
{lang:}　//多语言	String
worksNum：　//该分类下文献数	Int32
imageNum：　//该分类下图像数	Int32
subCatalog：[	Array
//第1个三级分类	
{	
ID：　//类ID	String
name：　//文献分类标识	
{lang:}　//多语言	String
worksNum：　//该分类下文献数	Int32
imageNum：　//该分类下图像数	Int32
}	
//第2、3、……个三级分类	
……	
]	
}	
//第2、3、……个二级分类	
……	
]	

续表

数据名称和含义	数据类型
works：　　//分类下文献信息，结构同 worksR2 集合	Array
updatedAt：　　//更新时间	Date
createdAt：　　//创建时间	Date

表 B-5　分类概要信息冗余集合（catalogR2）

数据名称和含义	数据类型
ID：　　//文献分类标识	String
name：　　//文献分类类名	
{lang:}　　//多语言	String
worksNum：　　//该分类下文献数	String
imageNum：　　//该分类下图像数	Int32
works：　　//分类下文献信息，结构同 worksR2 集合	Array
updatedAt：　　//更新时间	Date
createdAt：　　//创建时间	Date

附录C 藏梵文字丁

序号	字丁	序号	字丁	序号	字丁	序号	字丁
1	ག	219	[illegible]	437	ཕ	655	[illegible]
2	ས	220	[illegible]	438	[illegible]	656	[illegible]
3	བ	221	ཏ	439	[illegible]	657	[illegible]
4	ད	222	[illegible]	440	ཊ	658	[illegible]
5	ང	223	[illegible]	441	[illegible]	659	[illegible]
6	ན	224	[illegible]	442	[illegible]	660	[illegible]
7	མ	225	[illegible]	443	[illegible]	661	[illegible]
8	པ	226	[illegible]	444	[illegible]	662	[illegible]
9	འ	227	[illegible]	445	[illegible]	663	[illegible]
10	ར	228	[illegible]	446	[illegible]	664	ཕ
11	ལ	229	[illegible]	447	[illegible]	665	[illegible]
12	འི	230	[illegible]	448	[illegible]	666	[illegible]
13	ཕ	231	[illegible]	449	[illegible]	667	[illegible]
14	ཏ	232	[illegible]	450	[illegible]	668	[illegible]
15	ཀྱ	233	[illegible]	451	[illegible]	669	[illegible]
16	ཁ	234	[illegible]	452	[illegible]	670	[illegible]

续表

序号	字丁	序号	字丁	序号	字丁	序号	字丁
17	[illegible]	235	[illegible]	453	[illegible]	671	[illegible]
18	[illegible]	236	[illegible]	454	[illegible]	672	[illegible]
19	[illegible]	237	[illegible]	455	[illegible]	673	[illegible]
20	[illegible]	238	[illegible]	456	[illegible]	674	[illegible]
21	[illegible]	239	[illegible]	457	[illegible]	675	[illegible]
22	[illegible]	240	[illegible]	458	[illegible]	676	[illegible]
23	[illegible]	241	[illegible]	459	[illegible]	677	[illegible]
24	[illegible]	242	[illegible]	460	[illegible]	678	[illegible]
25	[illegible]	243	[illegible]	461	[illegible]	679	[illegible]
26	[illegible]	244	[illegible]	462	[illegible]	680	[illegible]
27	[illegible]	245	[illegible]	463	[illegible]	681	[illegible]
28	[illegible]	246	[illegible]	464	[illegible]	682	[illegible]
29	[illegible]	247	[illegible]	465	[illegible]	683	[illegible]
30	[illegible]	248	[illegible]	466	[illegible]	684	[illegible]
31	[illegible]	249	[illegible]	467	[illegible]	685	[illegible]
32	[illegible]	250	[illegible]	468	[illegible]	686	[illegible]
33	[illegible]	251	[illegible]	469	[illegible]	687	[illegible]
34	[illegible]	252	[illegible]	470	[illegible]	688	[illegible]
35	[illegible]	253	[illegible]	471	[illegible]	689	[illegible]
36	[illegible]	254	[illegible]	472	[illegible]	690	[illegible]
37	[illegible]	255	[illegible]	473	[illegible]	691	[illegible]

续表

序号	字丁	序号	字丁	序号	字丁	序号	字丁
38	[illegible]	256	[illegible]	474	[illegible]	692	[illegible]
39	[illegible]	257	[illegible]	475	[illegible]	693	[illegible]
40	[illegible]	258	[illegible]	476	[illegible]	694	[illegible]
41	[illegible]	259	[illegible]	477	[illegible]	695	[illegible]
42	[illegible]	260	[illegible]	478	[illegible]	696	[illegible]
43	[illegible]	261	[illegible]	479	[illegible]	697	[illegible]
44	[illegible]	262	[illegible]	480	[illegible]	698	[illegible]
45	[illegible]	263	[illegible]	481	[illegible]	699	[illegible]
46	[illegible]	264	[illegible]	482	[illegible]	700	[illegible]
47	[illegible]	265	[illegible]	483	[illegible]	701	[illegible]
48	[illegible]	266	[illegible]	484	[illegible]	702	[illegible]
49	[illegible]	267	[illegible]	485	[illegible]	703	[illegible]
50	[illegible]	268	[illegible]	486	[illegible]	704	[illegible]
51	[illegible]	269	[illegible]	487	[illegible]	705	[illegible]
52	[illegible]	270	[illegible]	488	[illegible]	706	[illegible]
53	[illegible]	271	[illegible]	489	[illegible]	707	[illegible]
54	[illegible]	272	[illegible]	490	[illegible]	708	[illegible]
55	[illegible]	273	[illegible]	491	[illegible]	709	[illegible]
56	[illegible]	274	[illegible]	492	[illegible]	710	[illegible]
57	[illegible]	275	[illegible]	493	[illegible]	711	[illegible]
58	[illegible]	276	[illegible]	494	[illegible]	712	[illegible]

续表

序号	字丁	序号	字丁	序号	字丁	序号	字丁
59	ཚོ	277	ཚོ	495	ཀྲ	713	ཀྲུ
60	ལུ	278	ཕྱ	496	ཊ	714	ཕུ
61	ཤི	279	སྐུ	497	བུ	715	སྐྲ
62	ཅ	280	ཀུ	498	ཀྱ	716	ཀྱུ
63	ཀྱེ	281	ཏུ	499	སྐ	717	ཁྱི
64	ཕི	282	སྨ	500	གྲ	718	སྐྱུ
65	ཉ	283	ཕྱི	501	དུ	719	ཁ
66	ཇུ	284	ཀི	502	ཏ	720	ཀྱ
67	ཙོ	285	ཁྱི	503	བི	721	ཁྱེ
68	ཟ	286	ཤ	504	ཞུ	722	ཁྱ
69	ཡ	287	ཁོ	505	ཅ	723	སྐུ
70	ཞུ	288	ཏི	506	ཡུ	724	བུ
71	ཁེ	289	ཐེ	507	ཁི	725	ཁྱེ
72	ལེ	290	ཙོ	508	སུ	726	ཀ
73	ཀ	291	ཅུ	509	དུ	727	ཐེ
74	དུ	292	ཁྱེ	510	གི	728	ཀྱ
75	གུ	293	ཀོ	511	ནུ	729	ཟ
76	འོ	294	སྐྱེ	512	ཀྱི	730	སྨ
77	ཏོ	295	ཆེ	513	ཁྲ	731	སྐུ
78	ཉེ	296	སྨེ	514	ཀེ	732	དེ
79	ཙ	297	ཁྲ	515	ཨུ	733	ཀྱི

续表

序号	字丁	序号	字丁	序号	字丁	序号	字丁
80	[illegible]	298	[illegible]	516	[illegible]	734	[illegible]
81	[illegible]	299	[illegible]	517	[illegible]	735	[illegible]
82	[illegible]	300	[illegible]	518	[illegible]	736	[illegible]
83	[illegible]	301	[illegible]	519	[illegible]	737	[illegible]
84	[illegible]	302	[illegible]	520	[illegible]	738	[illegible]
85	[illegible]	303	[illegible]	521	[illegible]	739	[illegible]
86	[illegible]	304	[illegible]	522	[illegible]	740	[illegible]
87	[illegible]	305	[illegible]	523	[illegible]	741	[illegible]
88	[illegible]	306	[illegible]	524	[illegible]	742	[illegible]
89	[illegible]	307	[illegible]	525	[illegible]	743	[illegible]
90	[illegible]	308	[illegible]	526	[illegible]	744	[illegible]
91	[illegible]	309	[illegible]	527	[illegible]	745	[illegible]
92	[illegible]	310	[illegible]	528	[illegible]	746	[illegible]
93	[illegible]	311	[illegible]	529	[illegible]	747	[illegible]
94	[illegible]	312	[illegible]	530	[illegible]	748	[illegible]
95	[illegible]	313	[illegible]	531	[illegible]	749	[illegible]
96	[illegible]	314	[illegible]	532	[illegible]	750	[illegible]
97	[illegible]	315	[illegible]	533	[illegible]	751	[illegible]
98	[illegible]	316	[illegible]	534	[illegible]	752	[illegible]
99	[illegible]	317	[illegible]	535	[illegible]	753	[illegible]
100	[illegible]	318	[illegible]	536	[illegible]	754	[illegible]

续表

序号	字丁	序号	字丁	序号	字丁	序号	字丁
101	[illegible]	319	[illegible]	537	[illegible]	755	[illegible]
102	[illegible]	320	[illegible]	538	[illegible]	756	[illegible]
103	[illegible]	321	[illegible]	539	[illegible]	757	[illegible]
104	[illegible]	322	[illegible]	540	[illegible]	758	[illegible]
105	[illegible]	323	[illegible]	541	[illegible]	759	[illegible]
106	[illegible]	324	[illegible]	542	[illegible]	760	[illegible]
107	[illegible]	325	[illegible]	543	[illegible]	761	[illegible]
108	[illegible]	326	[illegible]	544	[illegible]	762	[illegible]
109	[illegible]	327	[illegible]	545	[illegible]	763	[illegible]
110	[illegible]	328	[illegible]	546	[illegible]	764	[illegible]
111	[illegible]	329	[illegible]	547	[illegible]	765	[illegible]
112	[illegible]	330	[illegible]	548	[illegible]	766	[illegible]
113	[illegible]	331	[illegible]	549	[illegible]	767	[illegible]
114	[illegible]	332	[illegible]	550	[illegible]	768	[illegible]
115	[illegible]	333	[illegible]	551	[illegible]	769	[illegible]
116	[illegible]	334	[illegible]	552	[illegible]	770	[illegible]
117	[illegible]	335	[illegible]	553	[illegible]	771	[illegible]
118	[illegible]	336	[illegible]	554	[illegible]	772	[illegible]
119	[illegible]	337	[illegible]	555	[illegible]	773	[illegible]
120	[illegible]	338	[illegible]	556	[illegible]	774	[illegible]
121	[illegible]	339	[illegible]	557	[illegible]	775	[illegible]

续表

序号	字丁	序号	字丁	序号	字丁	序号	字丁
122	[illegible]	340	[illegible]	558	[illegible]	776	[illegible]
123	[illegible]	341	[illegible]	559	[illegible]	777	[illegible]
124	[illegible]	342	[illegible]	560	[illegible]	778	[illegible]
125	[illegible]	343	[illegible]	561	[illegible]	779	[illegible]
126	[illegible]	344	[illegible]	562	[illegible]	780	[illegible]
127	[illegible]	345	[illegible]	563	[illegible]	781	[illegible]
128	[illegible]	346	[illegible]	564	[illegible]	782	[illegible]
129	[illegible]	347	[illegible]	565	[illegible]	783	[illegible]
130	[illegible]	348	[illegible]	566	[illegible]	784	[illegible]
131	[illegible]	349	[illegible]	567	[illegible]	785	[illegible]
132	[illegible]	350	[illegible]	568	[illegible]	786	[illegible]
133	[illegible]	351	[illegible]	569	[illegible]	787	[illegible]
134	[illegible]	352	[illegible]	570	[illegible]	788	[illegible]
135	[illegible]	353	[illegible]	571	[illegible]	789	[illegible]
136	[illegible]	354	[illegible]	572	[illegible]	790	[illegible]
137	[illegible]	355	[illegible]	573	[illegible]	791	[illegible]
138	[illegible]	356	[illegible]	574	[illegible]	792	[illegible]
139	[illegible]	357	[illegible]	575	[illegible]	793	[illegible]
140	[illegible]	358	[illegible]	576	[illegible]	794	[illegible]
141	[illegible]	359	[illegible]	577	[illegible]	795	[illegible]
142	[illegible]	360	[illegible]	578	[illegible]	796	[illegible]

续表

序号	字丁	序号	字丁	序号	字丁	序号	字丁
143	[illegible]	361	[illegible]	579	[illegible]	797	[illegible]
144	[illegible]	362	[illegible]	580	[illegible]	798	[illegible]
145	[illegible]	363	[illegible]	581	[illegible]	799	[illegible]
146	[illegible]	364	[illegible]	582	[illegible]	800	[illegible]
147	[illegible]	365	[illegible]	583	[illegible]	801	[illegible]
148	[illegible]	366	[illegible]	584	[illegible]	802	[illegible]
149	[illegible]	367	[illegible]	585	[illegible]	803	[illegible]
150	[illegible]	368	[illegible]	586	[illegible]	804	[illegible]
151	[illegible]	369	[illegible]	587	[illegible]	805	[illegible]
152	[illegible]	370	[illegible]	588	[illegible]	806	[illegible]
153	[illegible]	371	[illegible]	589	[illegible]	807	[illegible]
154	[illegible]	372	[illegible]	590	[illegible]	808	[illegible]
155	[illegible]	373	[illegible]	591	[illegible]	809	[illegible]
156	[illegible]	374	[illegible]	592	[illegible]	810	[illegible]
157	[illegible]	375	[illegible]	593	[illegible]	811	[illegible]
158	[illegible]	376	[illegible]	594	[illegible]	812	[illegible]
159	[illegible]	377	[illegible]	595	[illegible]	813	[illegible]
160	[illegible]	378	[illegible]	596	[illegible]	814	[illegible]
161	[illegible]	379	[illegible]	597	[illegible]	815	[illegible]
162	[illegible]	380	[illegible]	598	[illegible]	816	[illegible]
163	[illegible]	381	[illegible]	599	[illegible]	817	[illegible]

续表

序号	字丁	序号	字丁	序号	字丁	序号	字丁
164	[illegible]	382	[illegible]	600	[illegible]	818	[illegible]
165	[illegible]	383	[illegible]	601	[illegible]	819	[illegible]
166	[illegible]	384	[illegible]	602	[illegible]	820	[illegible]
167	[illegible]	385	[illegible]	603	[illegible]	821	[illegible]
168	[illegible]	386	[illegible]	604	[illegible]	822	[illegible]
169	[illegible]	387	[illegible]	605	[illegible]	823	[illegible]
170	[illegible]	388	[illegible]	606	[illegible]	824	[illegible]
171	[illegible]	389	[illegible]	607	[illegible]	825	[illegible]
172	[illegible]	390	[illegible]	608	[illegible]	826	[illegible]
173	[illegible]	391	[illegible]	609	[illegible]	827	[illegible]
174	[illegible]	392	[illegible]	610	[illegible]	828	[illegible]
175	[illegible]	393	[illegible]	611	[illegible]	829	[illegible]
176	[illegible]	394	[illegible]	612	[illegible]	830	[illegible]
177	[illegible]	395	[illegible]	613	[illegible]	831	[illegible]
178	[illegible]	396	[illegible]	614	[illegible]	832	[illegible]
179	[illegible]	397	[illegible]	615	[illegible]	833	[illegible]
180	[illegible]	398	[illegible]	616	[illegible]	834	[illegible]
181	[illegible]	399	[illegible]	617	[illegible]	835	[illegible]
182	[illegible]	400	[illegible]	618	[illegible]	836	[illegible]
183	[illegible]	401	[illegible]	619	[illegible]	837	[illegible]
184	[illegible]	402	[illegible]	620	[illegible]	838	[illegible]

续表

序号	字丁	序号	字丁	序号	字丁	序号	字丁
185	[illegible]	403	[illegible]	621	[illegible]	839	[illegible]
186	[illegible]	404	[illegible]	622	[illegible]	840	[illegible]
187	[illegible]	405	[illegible]	623	[illegible]	841	[illegible]
188	[illegible]	406	[illegible]	624	[illegible]	842	[illegible]
189	[illegible]	407	[illegible]	625	[illegible]	843	[illegible]
190	[illegible]	408	[illegible]	626	[illegible]	844	[illegible]
191	[illegible]	409	[illegible]	627	[illegible]	845	[illegible]
192	[illegible]	410	[illegible]	628	[illegible]	846	[illegible]
193	[illegible]	411	[illegible]	629	[illegible]	847	[illegible]
194	[illegible]	412	[illegible]	630	[illegible]	848	[illegible]
195	[illegible]	413	[illegible]	631	[illegible]	849	[illegible]
196	[illegible]	414	[illegible]	632	[illegible]	850	[illegible]
197	[illegible]	415	[illegible]	633	[illegible]	851	[illegible]
198	[illegible]	416	[illegible]	634	[illegible]	852	[illegible]
199	[illegible]	417	[illegible]	635	[illegible]	853	[illegible]
200	[illegible]	418	[illegible]	636	[illegible]	854	[illegible]
201	[illegible]	419	[illegible]	637	[illegible]	855	[illegible]
202	[illegible]	420	[illegible]	638	[illegible]	856	[illegible]
203	[illegible]	421	[illegible]	639	[illegible]	857	[illegible]
204	[illegible]	422	[illegible]	640	[illegible]	858	[illegible]
205	[illegible]	423	[illegible]	641	[illegible]	859	[illegible]

续表

序号	字丁	序号	字丁	序号	字丁	序号	字丁
206	[illegible]	424	[illegible]	642	[illegible]	860	[illegible]
207	[illegible]	425	[illegible]	643	[illegible]	861	[illegible]
208	[illegible]	426	[illegible]	644	[illegible]	862	[illegible]
209	[illegible]	427	[illegible]	645	[illegible]	863	[illegible]
210	[illegible]	428	[illegible]	646	[illegible]	864	[illegible]
211	[illegible]	429	[illegible]	647	[illegible]	865	[illegible]
212	[illegible]	430	[illegible]	648	[illegible]	866	[illegible]
213	[illegible]	431	[illegible]	649	[illegible]	867	[illegible]
214	[illegible]	432	[illegible]	650	[illegible]	868	[illegible]
215	[illegible]	433	[illegible]	651	[illegible]	869	[illegible]
216	[illegible]	434	[illegible]	652	[illegible]	870	[illegible]
217	[illegible]	435	[illegible]	653	[illegible]	871	[illegible]
218	[illegible]	436	[illegible]	654	[illegible]	872	[illegible]

图书在版编目(CIP)数据

面向全信息检索的藏文古籍数据库建设研究/胡建著. --北京:民族出版社,2025.4. --ISBN 978-7-105-17510-9

Ⅰ. G255.1

中国国家版本馆 CIP 数据核字第 2025NT1634 号

策划编辑:虞　农
责任编辑:向　阳
封面设计:刘海伦
出版发行:民族出版社
地　　址:北京市和平里北街 14 号
邮　　编:100013
网　　址:http://www.mzpub.com
印　　刷:北京中石油彩色印刷有限责任公司
经　　销:各地新华书店
版　　次:2025 年 4 月第 1 版　2025 年 5 月北京第 1 次印刷
开　　本:787 毫米×1092 毫米　1/16
字　　数:280 千字
印　　张:11.75
定　　价:35.00 元
ISBN　978-7-105-17510-9/G·2249(汉 1097)